REPENSAR
PORTUGAL

Apontamentos Político-Económicos

ANTÓNIO MARQUES-MENDES

REPENSAR PORTUGAL

Apontamentos Político-Económicos

Prefácio de
Amadeu Lopes Sabino

EDITORIAL BIZÂNCIO

LISBOA, 2012

Título: *Repensar Portugal — Apontamentos Político-Económicos*
© 2012 António J. Marques-Mendes e Editorial Bizâncio
1.ª edição: Outubro de 2012
Revisão: Sandra Pereira
Capa: Editorial Bizâncio
Composição e paginação: Editorial Bizâncio
Impressão e acabamento: Rolo & Filhos II, S.A. — Indústrias Gráficas
Depósito legal n.º 350 157/12
ISBN: 978-972-53-0515-7
Todos os direitos para a publicação desta obra em Portugal
reservados por Editorial Bizâncio, Lda.
Largo Luís Chaves, 11-11A, 1600-487 Lisboa
Tel.: 21 755 02 28/Fax: 21 752 00 72
E-mail: bizancio@editorial-bizancio.pt
URL: www.editorial-bizancio.pt
Blogue: www.editorial-bizancio.blogspot.pt

DEDICATÓRIA

Aos meus pais e à sua geração, que (sobre)vi-
veram a mais de 80 anos de capitalismo de Estado em Portugal.

ÍNDICE

AGRADECIMENTOS

É UM PRAZER PODER PARTILHAR os meus pensamentos com um público mais amplo através deste livro. Contudo, este não teria sido possível sem os leitores e comentadores do meu blogue onde, entre muitos outros, publiquei os ensaios coligidos nesta coletânea.

Agradecimentos especiais são devidos à minha mulher, Arminda Soares, e à minha filha, Catarina Mendes, pela correção das sucessivas versões do manuscrito e pela preparação da versão final dos quadros e gráficos incluídos. Da mesma forma, quero agradecer a Amadeu Lopes Sabino o prefácio que escreveu para esta edição e o seu contributo para que o livro fosse publicado em Portugal. O livro foi também muito melhorado pelos comentários incisivos da minha editora, Teresa Mouzinho.

Finalmente gostaria de agradecer à minha família, amigos e colegas os comentários encorajadores e a paciência com as minhas ausências. Por ser verdade, e não por mero formalismo, relembro que sou o único responsável por quaisquer erros, equívocos ou omissões neste livro.

IMAGINAR O FUTURO

No DIA 6 DE AGOSTO DE 2008, o Bar Oz, do Ritz Carlton Hotel de Moscovo, a dois passos do Kremlin, começou a servir o champanhe favorito de Nicolau II, *1907 Heidsieck Monopole*, recuperado de um navio mercante russo afundado pelos alemães durante a Primeira Guerra Mundial. Cada garrafa foi vendida por 35 mil euros. O contingente esgotou-se numa tarde de felicidade, partilhada por meia dúzia de milionários locais e alguns americanos em viagem de negócios pela Rússia. O evento ocorreu a dois dias do início da guerra da Geórgia e um mês antes do *crash* do Lehman Brothers. Dia 6 de agosto do ano da Graça de 2008: memorizemos a data.

A periodização é um dos quebra-cabeças de quantos, cientistas sociais e políticos, tentam racionalizar o tempo histórico. O diminuto século XX, que teve o início glorioso em 1914, terminou com a queda do muro de Berlim em 1989. Quando começou o século XXI? Neste mesmo ano e com o mesmo evento, com os ataques de 11 de setembro de 2001 ao império americano, com a crise do *subprime* de fevereiro de 2007, ou com a derrocada do Lehman Brothers em 2008, prenunciada pela bebedeira de champanhe arqueológico do Ritz de Moscovo? É provável que em nenhuma dessas datas. O século XXI (suspeito eu, que sou apenas um mero escriba) ainda não começou e encontramo-nos num dos momentos da História do Homem (utilizo propositadamente as caixas altas) em que a época antiga já se foi, sem que a nova tenha começado. É esta uma era em que Cronos se entretém a devorar os filhos, receando o nascimento daquele que o destronará. Que Zeus vai escapar à fúria assassina do progenitor para fundar o novo Olimpo?

Encontramo-nos numa encruzilhada do tempo, e dela fala o *Repensar Portugal...* de António José Marques-Mendes. Conheci o autor nos anos incertos que sucederam ao 25 de abril. Colaborávamos ambos — ele economista, eu jurista — com a adolescência do movimento sindical. Julgávamos então — um tanto ingenuamente e com ceticismo em crescendo — que o sindicalismo seria um dos fundamentos da democracia. Equivocávamo-nos. O sindicalismo da atual república, edificado a partir dos sindicatos corporativos do Estado Novo, tornou-se uma peça do setor económico a que Marques-Mendes chama *capitalismo de Estado* e que considera preponderante no sistema económico português desde há 80 anos. Marques-Mendes, um homem preocupado com a felicidade dos povos, vê no capitalismo de mercado um dos pilares que sustêm o bem da Humanidade, e no capitalismo de Estado um dos males que a afetam. O nosso capitalismo de Estado teve, afirma, uma fase autoritária e de direita com o salazarismo[1],

---

[1] No seguimento de outros autores, Marques-Mendes refere-se ao atual regime como III República, designando por II República o regime deposto em 1974. Discordo. Ainda que *juridicamente* não tenha abolido a República, o regime salazarista não foi *politicamente* uma república. Autocracia talhada à me-

e encontra-se atualmente numa fase democrática e de esquerda. No capitalismo de Estado Lusitano, segundo Marques-Mendes, o poder público detém uma parte significativa dos meios de produção e/ou regulamenta as maiores empresas, interferindo direta ou indiretamente nos negócios mais significativos. A partir do salazarismo evoluiu para uma alternativa «mais consentânea com o nepotismo e a corrupção», aliada a «um socialismo retrógrado de inspiração marxista» que se propõe preservar a regulamentação herdada do corporativismo.

A exegese, fluida a nível concetual, é sugestiva enquanto narrativa. Permite descrever de que modo a nomenclatura comunista geriu, com a cumplicidade dos partidos democráticos, a transição do sindicalismo corporativo para o da democracia, consolidando-o, em nome das *conquistas de abril*, enquanto elemento essencial do setor público no Portugal de hoje. A convergência de interesses conservadores — *a conivência* — entre dirigentes sindicais, de *obediência partidária,* e gestores públicos, *de obediência partidária*, criou um Leviatã cujos vícios são sobretudo visíveis nas empresas públicas de transportes. Pela minha experiência passada — em breves e longínquos anos partilhada com o autor — sou particularmente sensível aos malefícios do Leviatã nacional. Os sindicatos de profissão herdados do corporativismo e conquistados pelos comunistas com a hábil brutalidade que os carateriza (e sobretudo caraterizou até à queda da casa da mãe

---

dida do seu fundador, sempre se quis fundado, na palavra e nas obras, em valores opostos aos republicanos. Tal como a República Social Italiana, politicamente uma ditadura, o salazarismo reviu-se em doutrinas e práticas antidemocráticas, antiparlamentares e antiliberais, nos antípodas dos princípios republicanos. Sempre se designou como Estado Novo, e assim foi mencionado, louvado ou criticado por partidários e inimigos. Nomeemo-lo assim, e reservemos para o regime vigente a designação de II República.

soviética) não são certamente catalogáveis entre os florilégios da democracia e da liberdade. Exteriores às empresas, impedem o surgimento de comissões de trabalhadores nos locais de trabalho, possibilitando à burocracia sindical profissionalizada calar vozes e mentes discordantes. A central sindical comunista tem assim possuído força suficiente para, nas empresas públicas, negociar pactos de manutenção do *status quo* com gestores de currículo partidário, mais interessados em assegurar o lugar, evitando a contestação interna, do que em defender o interesse geral. Dilapidando capitais públicos e servindo objetivos de grupos de interesses, consolidou-se uma *conquista de abril* bem pouco democrática, cuja perenidade se encontra agora ameaçada pelo «crescimento inexorável da despesa pública». Que as empresas privadas estejam hoje, em larga medida, imunes a semelhante perversão, apenas sublinha a necessidade imperiosa de lhe pôr termo. Resta saber como.

Marques-Mendes entende que só o predomínio radical do capitalismo de mercado, por oposição ao de Estado, pode preservar a democracia e a liberdade. A análise torna-se particularmente viva no modo como descreve a constituição de oligopólios que, em nome das virtudes da privatização, associam o Estado e capitais privados em setores chave da economia, mantendo troca de favores e de cadeiras e desvirtuando a concorrência. As privatizações dos últimos anos, bandeira ideológica do patético liberalismo económico lusitano, são definidas como a continuação do capitalismo de Estado por outros meios. «Existem trindades curiosas», escreve Marques-Mendes, «que nos levam a questionar se não serão determinadas por forças económicas inexoráveis, nomeadamente as chamadas economias de escala. Entre estas, a tendência recente para a criação de trindades na sequência da privatização dos antigos monopólios estatais é uma dessas curiosidades. No setor da eletricidade temos hoje apenas

três operadores significativos — EDP, REN e Iberdrola. Nas telecomunicações temos também três operadores — PT, Vodafone e
SonaeCom. O mesmo acontece no cabo — PT, Zon e Cabovisão —,
no gás — Galp, REN, e EDP —, nas petrolíferas — Galp, Repsol e
BP — e nas vias de comunicação terrestre — Brisa (Grupo Mello),
Mota-Engil e Ferrovial. Também no audiovisual, após a anunciada
privatização da RTP1, teremos apenas três operadores — Impresa, Prisa e uma outra que ainda não sabemos qual será». Sem
possuir as doutas iluminações dos economistas que têm assegurado a felicidade dos povos, estou em crer que as *trindades curiosas* não decorrem tanto da inexorabilidade de economias de
escala quanto das «relações incestuosas entre os grupos envolvidos nos setores regulados e o seu processo de consolidação setorial», a propósito das quais o autor coloca três questões:

1) *Com três operadores a controlar mais de 70% do mercado respetivo será possível ter o mínimo de concorrência necessário
para limitar a exploração de rendas de oligopólio por parte
desses operadores?*
2) *Será que a político-CEO-cracia que gere esses oligopólios será
suficiente para transformar o capitalismo de Estado português
num capitalismo de gestão?; e*
3) *Será que corremos o risco de acumular simultaneamente os
malefícios do capitalismo de Estado e do capitalismo de gestão?*

«Infelizmente», responde Marques-Mendes, «parece-me que as
respostas serão: *não, não e sim*. Em suma, neste domínio não
podemos aplicar a regra do «três, foi a conta que Deus fez». E con-
clui: «Somente o reforço do setor de capitalismo de mercado
permitirá aumentar a produtividade para os níveis que o país
precisa.»

De novo se impõe perguntar aos fados qual o caminho adequado para quebrar o círculo vicioso que do protecionismo salazarista conduziu ao democrático, do «capitalismo de Estado» de direita ao de esquerda, do corporativismo do Estado Novo às *conquistas de abril* do sindicalismo de domínio comunista, dos monopólios à santíssima trindade dos oligopólios. O autor de *Repensar Portugal...* sugere em pormenor as medicinas para a doença: as reformas políticas e económicas; a terapia que está para além do resgate financeiro; a regeneração da justiça, do sistema educativo e da sociedade. Deixarei ao leitor o prazer de se debruçar sobre estes temas. Tal como eu próprio, não estará sempre necessariamente de acordo com o autor, mas apreciará o seu propósito explícito: «que este pequeno livro seja um contributo para [um] primeiro passo na mudança do desígnio nacional». Não resisto, porém, à tentação de referir o projeto político enunciado: «Defendo», escreve Marques-Mendes, «que a mudança de regime político-económico seja feita pela via reformista. No entanto, como fazê-lo com os partidos que temos hoje em Portugal? Existem duas opções. A primeira através da eleição, com uma confortável maioria absoluta, de um líder partidário que desempenhe o papel de déspota iluminado. A segunda, através de um presidente da República eleito por larga maioria na base de um compromisso público de coagir os partidos políticos para mudarem o regime e o seu próprio estatuto.» António José Marques-Mendes, um dos fundadores do defunto Partido Renovador Democrático, considera «a opção por um déspota iluminado [...] mais de acordo com a tradição messiânica dos portugueses»; no entanto, rendido às circunstâncias, aceita que «a via mais segura para uma mudança de regime é infelizmente a mais difícil — através da eleição de um presidente da República com poderes limitados». Não sei se, onde e quando se revelará o presidente com mandato para mudar o regime no quadro dos poderes limitados que a atual

Constituição lhe confere. Quanto aos possíveis déspotas, não faltarão candidatos a Chávez se a crise, nacional e europeia, se agravar. Infelizmente, as possibilidades referendárias levianamente introduzidas na Constituição, e as práticas demagógicas que as têm aplicado, abrem caminho, em estado de urgência, a aventuras plebiscitárias tão ao gosto de candidatos a salvadores da Pátria e do Povo — de direita, como é tradição, ou do que pretende ser hoje a esquerda radical. Populismo e nacionalismo são pontos de confluência de ambas as correntes. Eventualmente até de acordo, quem sabe se de fusão, como aconteceu nos anos 20 e 30 do século passado.

Pois que já estamos rodeados de contingências e previsões suficientemente amargas, evitarei perder-me em exercícios de futurologia catastrófica. Apenas gostaria de recordar que a crise institucional é europeia e não apenas nacional. António José Marques-Mendes, que foi deputado europeu, sabe que a União Europeia, e a zona euro dentro dela, se encontram em rápida e imprevisível mutação. O atual regime português, concede o autor de *Repensar Portugal...*, dificilmente sobrevirá a uma tutela exercida através dos sucessivos programas de ajustamento negociados com a troika, que antevê como inevitáveis no decurso dos próximos anos. Ora, um novo ordenamento político europeu irá surgir necessariamente das sucessivas e silenciosas reformas em curso, delineadas por Conselhos Europeus que a curto prazo nada decidem mas que, como quem não quer a coisa, reforçam a componente federal da União. Para onde e até onde nos conduzirá o êxito ou o fracasso desse federalismo sem nome próprio, eis a questão que vai condicionar o quadro institucional dos Estados europeus. «A consequência de um *governo económico* comum», escreve Jürgen Habermas (in *La constitution de l'Europe*, Gallimard, Paris, 2011, p. 111), «significaria que a exigência central de competividade de todos os Estados-membros iria muito além das políticas financeiras e económicas para atingir o conjunto das finanças nacionais, originando por consequência uma intrusão nos poderes próprios dos parlamentos nacionais». E Habermas acrescenta: «A não ser que infrinja ostensivamente o direito em vigor, essa reforma tão esperada só será possível através de novas transferências de competência dos Estados-membros para a União.» Nesse estádio nos encontramos: com ou sem a modificação de tratados e constituições, com ou sem violação do direito em vigor. Que significará, para a Europa e para os Estados-membros, nomeadamente para Portugal, a transferência de soberania em curso? Que mundo novo vai emergir da redistribuição de poderes entre potências e continentes? Como será o Zeus capaz de sobreviver à fúria de Cronos: benévolo, justo e universalista, ou tirânico, flagelador e sectário? Os dados mudam a todo o momento. O futuro é imprevisível. É por isso necessário imaginá-lo. *Repensar Portugal...* convida-nos a esse exercício.

Amadeu Lopes Sabino

INTRODUÇÃO

NOS ÚLTIMOS DOIS ANOS, tenho escrito um blogue sobre o que considero serem os seis pilares para o bem da humanidade (http://marques-mendes.blogspot.com/). O capitalismo de mercado é, obviamente, um desses pilares e, no âmbito deste tópico, escrevi vários ensaios sobre questões político-económicas em Portugal. Os temas publicados apareceram em conjunto com outros de teor político e científico. Hoje, dado o crescente número de artigos, pareceu-me que os leitores beneficiariam em tê-los juntos numa sequência lógica.

Este livro é o resultado dessa recolha. Todos os ensaios aqui publicados apresentam-se como inicialmente foram escritos no blogue, tendo apenas sido efetuadas pequenas alterações decorrentes da necessidade de traduzir alguns ensaios publicados em inglês, para evitar referências a datas específicas, repetições e para ligar os vários ensaios. Como é comum em blogues, os textos são exposições curtas usando um estilo jornalístico, de tipo anglo-saxónico, que privilegia o levantar de questões e a sugestão de soluções, ainda que não de forma detalhada. Por isso, a sua concisão pode às vezes parecer inadequada, dada a complexidade das questões.

Dada a natureza dos ensaios, não é apresentada qualquer conclusão. Estes textos são reflexões pessoais que gostaria de partilhar com o leitor num exercício estimulante de criatividade e provocação às ideias preconcebidas que, em maior ou menor grau, todos temos.

Os ensaios refletem a minha oposição ao capitalismo de Estado que vigora em Portugal há mais de 80 anos, inicialmente numa versão de direita e hoje numa versão de esquerda.

Uma das sequelas de viver durante tantos anos sob o mesmo regime é que acabamos por interiorizar algumas ideias falsas como verdades absolutas. Mais, o confronto de ideias tende a reduzir-se a um duelo entre versões antagónicas do mesmo sistema; inicialmente entre o corporativismo e o comunismo e hoje entre o socialismo e a social-democracia.

Em consequência, ideias alternativas acabam naturalmente por não agradar «nem a gregos nem a troianos». Por isso é natural que os meus amigos de esquerda e de direita fiquem igualmente chocados com algumas das ideias aqui defendidas.

Uma antevisão desse incómodo foi-me transmitida pela minha mulher, que ficou chocada com algumas referências aqui feitas a Salazar e que, afiança ela, serão interpretadas como um apoio ao Salazarismo. De igual modo, muitos dos meus amigos socialistas ficarão chocados com o meu «antissocialismo».

Na verdade a minha filosofia política tem sido, e continua a ser, baseada no liberalismo moderado e centrista. Por isso peço aos leitores a paciência e perseverança necessárias para analisarem os argumentos aqui expostos exclusivamente à luz da lógica e dos factos subjacentes.

1.

CAPITALISMO

A MAIORIA DOS PROBLEMAS que afligem o nosso país não pode ser dissociada do regime de capitalismo de Estado, que vigora em Portugal há mais de 80 anos. Para perceber as características desse sistema económico começo por distingui-lo dos restantes sistemas de capitalismo e por analisar a sua origem nos países do sul da Europa. De seguida analiso algumas manifestações típicas do capitalismo de Estado português através da oligopolização das indústrias reguladas, da venda da EDP a um governo estrangeiro, da criação de falsos empregos, da recusa em privatizar a CGD e da tentativa de limitar os canais televisivos a apenas dois operadores privados. Finalmente, como o capitalismo de Estado teve duas fases distintas — uma de direita antes do 25 de Abril e outra de esquerda desde então — concluo este capítulo analisando os respetivos ciclos político-económicos.

Capitalismo, qual capitalismo?

Na maioria dos países, a riqueza é criada sob diversos sistemas económicos. Um sistema económico é caracterizado por um conjunto de regras que define as formas de interação entre os agentes económicos. Por exemplo, num sistema feudal, a relação entre os senhores feudais e os seus súbditos era baseada na servidão que incluía o trabalho forçado de servos vinculados a um lote de terra, propriedade hereditária de um senhor, em troca de proteção e direito ao trabalho em campos cedidos pelos seus proprietários. Da mesma forma, a relação entre o Estado e os seus cidadãos é exercida através de coerção, nomeadamente através da cobrança de impostos e do recrutamento forçado para o serviço militar.

Pelo contrário, nos setores de voluntariado e capitalista as relações entre os agentes económicos são definidas livremente através de acordos contratuais. O chamado terceiro setor inclui as associações de autoajuda, filantrópicas e de caridade onde as relações são baseadas na combinação de recursos, riscos e benefícios, enquanto o capitalismo é baseado na sua separação. No sistema capitalista, os capitalistas são proprietários dos recursos e dos lucros mas, em contrapartida, garantem contratualmente um salário aos trabalhadores e assumem todos os riscos.

Tanto os sistemas de voluntariado como os sistemas capitalistas dependem do direito à propriedade privada e à sua proteção, mas apenas o capitalismo exige que a maioria das transações entre os diferentes agentes económicos seja realizada através de mercados livres e competitivos. Por exemplo, no trabalho de voluntariado o trabalho é distribuído por consenso, enquanto no setor capitalista as pessoas concorrem por empregos.

O estudo da riqueza antecedeu o aparecimento dos sistemas capitalistas, mas a ciência económica moderna tem os seus fundamentos no livro de Adam Smith, *A Riqueza das Nações*. O seu livro não inclui as palavras capitalismo ou capitalista, mas é dedicado a demonstrar por que é que a concorrência em mercados competitivos é a forma mais eficaz de alocar recursos e produzir riqueza. Uma vez que o sistema capitalista é o único dependente da concorrência de mercado, segue-se que, excetuando uma breve experiência com o comunismo, as histórias da economia moderna e do capitalismo estão necessariamente interligadas.

No entanto, os economistas que têm vindo a desenvolver o sistema de contas nacionais desde os anos 1930 nunca tentaram calcular a riqueza criada por cada setor económico, seja o estatal, o voluntariado ou o capitalista. Em vez disso, dão-nos uma distribuição do emprego e do PIB por setores de atividade e tipo de organização (por exemplo, famílias, governo, empresas financeiras e não-financeiras). Por isso, quando se quer medir a contribuição dos recursos utilizados no setor capitalista para a riqueza nacional, a tarefa torna-se muito difícil.

Essa dificuldade decorre do facto de o setor com fins lucrativos incluir muitos tipos de capitalismo. Além disso, muito do intercâmbio entre empresas com fins lucrativos e os setores do Estado e do voluntariado não é feito sempre em bases competitivas. Muitas dessas atividades criam um setor a que podemos chamar de capitalismo cinzento.

Os vários tipos de capitalismo devem ser definidos com base na sua dependência de mercados livres e concorrenciais. A forma mais pura do capitalismo é chamada capitalismo de mercado, e inclui todos os trabalhadores por conta própria e empresas controladas por investidores privados, que são basicamente *price-takers* em mercados livres e atomizados onde o negócio de cada vendedor ou comprador é pequeno em relação ao mercado como um todo.

Pelo contrário, os setores regulados, oligopólios e empresas controladas pela gestão operam sob diferentes sistemas semi-competitivos. Entre as perversões mais comuns do capitalismo temos o capitalismo de gestão, o capitalismo de compadrio, o capitalismo de Estado socialista, o capitalismo de Estado corporativo e o capitalismo social de mercado.

Uma vez que a teoria económica demonstra apenas a supremacia dos sistemas competitivos puros, qualquer desvio de tais sistemas constitui uma segunda escolha justificável apenas por falhas de mercado e externalidades. No entanto, na ausência de mercados inteiramente livres, a concorrência entre os vários tipos de capitalismo não garante que o vencedor em termos de quota de mercado seja o capitalismo de mercado. De facto, o oposto pode acontecer.

Assim, paradoxalmente, uma percentagem crescente do capitalismo de mercado só poderá ser alcançada através da regulação do crescimento dos setores estatal, sem-fins-lucrativos e semi-capitalista. A justificação para tal regulamentação é que o bem-estar coletivo máximo só pode ser alcançado com a preponderância do setor de capitalismo de mercado. Ou seja, o capitalismo genuíno é apenas o capitalismo de mercado!

O capitalismo de Estado nos países do sul da Europa

O capitalismo de Estado caracteriza-se por ser um sistema económico em que o Estado detém uma parte significativa dos meios de produção e, ou, regulamenta as maiores empresas, interferindo direta ou indiretamente na maioria dos negócios mais significativos. Outra particularidade é que não se identifica com a iniciativa privada e o capitalismo embora não os renegue na sua totalidade. Este sistema pode existir em regimes democráticos ou ditatoriais, com governos de direita ou de esquerda.

Na Europa Ocidental existem duas formas distintas de capitalismo de Estado — do tipo escandinavo e do tipo mediterrânico. O primeiro surgiu com a ascensão ao poder de partidos sociais-democratas na Suécia e na Inglaterra na década de 1920, enquanto o do tipo mediterrânico se implantou através de regimes ditatoriais de inspiração fascista em Itália (com Mussolini, em 1922), em Espanha (com Primo de Rivera, em 1923), em Portugal (com Salazar, em 1928) e na Grécia (com Metaxas, em 1936).

No final do século XIX e início do século XX as ideologias de inspiração socialista e anticapitalista dividiram-se em três grandes correntes — o nacional-socialismo, o comunismo e a social-democracia.

São vários os fatores que explicam porque acabaram por adotar todos os países mediterrânicos versões mais ou menos radicais da primeira corrente.

Ao nível ideológico, o fator preponderante decorreu da origem religiosa da ideologia fascista que podemos reportar à encíclica *Rerum Novarum*, publicada em 1891 pelo papa Leão XIII, na qual se propugnava o conceito de harmonia social entre o trabalho e o capital sob a égide do Estado, em alternativa à luta de classes propugnada pelo socialismo marxista e à concorrência mercantil advogada pelos Liberais.

Em Itália, a conjugação do nacionalismo de direita com o sindicalismo Soreliano de esquerda facilitou a ascensão ao poder de Mussolini que, em 1919, definia o fascismo italiano como sendo igual ao «socialismo de cabeça para os pés».

A nível político, todos os países mediterrânicos viveram um século XIX muito conturbado na sequência das invasões napoleónicas e posteriores guerras de independência e unificação (na

Grécia, em 1821, e em Itália, em 1861) e múltiplas guerras civis resultantes de disputas entre absolutistas e constitucionalistas, monárquicos e republicanos, que viriam a culminar já no século XX com o drama da Primeira Guerra Mundial. Traumatizadas por tanta instabilidade social, as populações da Europa do Sul aderiram precipitadamente aos regimes autoritários.

Com exceção de Itália (onde os Aliados facilitaram um regime democrático no final da Segunda Grande Guerra sob a tutela da Democracia Cristã), os regimes autoritários nos restantes países viriam a perdurar até à década de 1970 quando ocorreu a Revolução dos Cravos em Portugal (abril de 1974), a queda da Junta Militar Grega (julho de 1974), e a morte de Franco em Espanha (novembro de 1975).

Após a queda dos regimes de capitalismo de Estado de direita, nos três últimos países, o poder passou para partidos socialistas democráticos de inspiração marxista que, inicialmente, procuraram implementar programas de nacionalização ao estilo do pós-guerra. No entanto, o descalabro económico causado por essas nacionalizações, o desejo de aderirem à União Europeia e a crise da social-democracia escandinava levaram-nos a inverter caminho em meados dos anos 1980 e a iniciar programas de privatizações.

Embora alguns líderes dos países do sul desejassem seguir um modelo do tipo escandinavo, a maioria e a respetiva população nunca assumiu uma via social-democrata no estilo escandinavo. Pelo contrário, sempre procuraram uma alternativa marxista mais consentânea com as práticas de nepotismo e corrupção herdadas dos regimes de direita. Assim, no último quarto de século, os respetivos dirigentes socialistas e sociais-democratas têm oscilado entre o modelo de socialismo liberal, que fomentou o desenvolvimento do capitalismo de gestão nas empresas oligopolistas entretanto privatizadas, e um socialismo retrógrado de inspiração marxista que tenta preservar a regulamentação herdada do sistema corporativo.

No entanto, estas duas vias estão naturalmente em rota de colisão por dependerem de um crescimento inexorável da despesa pública não-financiável e agravarem as enormes desigualdades existentes. Assim, este modelo híbrido de capitalismo de Estado é insustentável a prazo e degenerará novamente em conflitos sociais. Estes só poderão ser superados com preservação da democracia representativa se o capitalismo de mercado vier a predominar nos países mediterrânicos.

Oligopólios — três foi a conta que Deus fez?

A existência e expansão de oligopólios necessitam de ser reguladas e coartadas independentemente de os oligopólios serem públicos ou privados. Em Portugal, esses oligopólios estão a constituir-se à sombra de um protecionismo que por vezes é confundido com o liberalismo. Vejamos como.

Quando eu era criança costumávamos selecionar os membros de cada equipa de futebol contando um, dois e três e exclamando «três foi a conta que Deus fez». A tradição cristã sobre este número advém da santíssima trindade e do conceito de família composta por pai, mãe e filhos. Na verdade, qualquer dos outros algarismos também tem a sua dose de provérbios nas diferentes culturas e religiões.

Por exemplo, se procurarmos conjuntos de três elementos (ou de qualquer outro algarismo) vamos sempre encontrar curiosidades. Nomeadamente Portugal é constituído pelo continente e por duas regiões autónomas e, por sua vez, o continente é constituído por três regiões — norte, centro e sul. É evidente que estas trindades geográficas são meros acidentes da História, pois antes da descolonização Portugal incluía também Angola, Moçambique, etc.

Existem no entanto outras trindades mais curiosas que nos levam a questionar se não serão antes determinadas por forças económicas inexoráveis, nomeadamente as chamadas economias de escala. Entre estas, a tendência recente para a criação de trindades na sequência da privatização dos antigos monopólios estatais é uma dessas curiosidades.

No setor da eletricidade temos hoje apenas três operadores significativos — EDP, REN e Iberdrola. Nas telecomunicações temos também três operadores — PT, Vodafone e SonaeCom. O mesmo acontece no cabo — PT, Zon e Cabovisão — no gás — Galp, REN, e EDP — nas petrolíferas — Galp, Repsol e BP — e nas vias de comunicação terrestre — Brisa (Grupo Mello), Mota-Engil e Ferrovial. Também no audiovisual, após a anunciada privatização da RTP, teremos apenas três operadores — Impresa, Prisa e uma outra que ainda não sabemos qual será.

Resta saber se a mesma tendência para a concentração numa trindade ocorrerá também nos setores ainda por privatizar — transportes aéreos, correios e águas.

Uma outra curiosidade é que os grupos privados mais destacados em Portugal são também três — Amorim, Sonae e Jerónimo Martins, mas com exceção do Grupo Amorim, que tem uma presença significativa no setor da energia, estes grupos privados não estão muito ligados aos setores regulados acima mencionados.

Embora continuem a existir muitas relações incestuosas entre os grupos envolvidos nos setores regulados e o seu processo de consolidação setorial ainda não esteja estabilizado, há três questões pertinentes que desde já se colocam:

1) Com três operadores a controlar mais de 70% do mercado respetivo, será possível ter o mínimo de concorrência neces-

sária para limitar a exploração de rendas de oligopólio por parte desses operadores?

2) Será que a político-CEO-cracia que gere esses oligopólios será suficiente para transformar o capitalismo de Estado português num capitalismo de gestão?; e

3) Será que corremos o risco de acumular simultaneamente os malefícios do capitalismo de Estado e do capitalismo de gestão?

Infelizmente, parece-me que as respostas serão: não, não e sim. Em suma, neste domínio não podemos aplicar a regra do «três foi a conta que Deus fez».

Somente o reforço do setor de capitalismo de mercado permitirá aumentar a produtividade para os níveis que o país precisa.

EDP: o dinheiro não tem cor, mas...

Os chineses compraram a EDP oferecendo o melhor preço. Aparentemente, o vendedor (Estado) — fez o que é normal. Vendeu a quem fez a melhor oferta, invocando o princípio geral de que o dinheiro não tem cor. Tudo bem? Não!

Tudo estaria bem se o princípio invocado não tivesse exceções morais e práticas. Sob o ponto de vista moral não é legítimo beneficiar do chamado dinheiro sujo. Sob o ponto de vista prático não podemos ignorar as consequências futuras dos ganhos imediatos.

Admitamos que fazer negócios com regimes ditatoriais não seja imoral e concentremo-nos nos aspetos práticos. Estes são fáceis de entender através de uma analogia simples que nos permite demonstrar que a venda de bens não é toda igual.

Por exemplo, se eu quiser vender um automóvel é-me indiferente que o comprador seja cigano, siciliano ou chinês. No entanto, e sem querer ser xenófobo, se quiser vender um andar no meu prédio já não posso ignorar a origem do comprador. Porquê? Porque o valor futuro do meu andar vai ser influenciado pela vizinhança do prédio.

Ora, vender precipitadamente o principal oligopolista no setor elétrico português a um regime ditatorial estrangeiro tem os mesmos custos de reputação que vender um andar a um vizinho indesejável.

De onde podem advir tais custos? Desde logo do não querer resolver o problema do endividamento excessivo da EDP através do mecanismo normal da venda de ativos e do refinanciamento no mercado. Mas também, e potencialmente mais grave, do aumento previsível das rendas monopolistas cobradas pela empresa para fazer face a tal endividamento.

Quem irá pagar o prometido aumento do endividamento da empresa e a que custo? Serão naturalmente os consumidores de energia elétrica, isto é, todos nós.

Ora, acontece que, para subsidiar a «máfia» das eólicas e a ineficácia da indústria, já temos hoje custos energéticos muito superiores aos dos nossos concorrentes que comprometem gravemente a nossa competitividade internacional. Por isso, é fácil estimar que o agravamento dessa falta de competitividade terá custos muito superiores ao diferencial de preço oferecido pelos chineses.

Aliás, vender participações do Estado não é sinónimo de privatizar. Como a própria palavra diz privatizar é vender a privados. Por isso, temos de nos interrogar: porque houve só um concorrente privado que se recusou a subir a sua oferta?

Porque a operação de venda foi precipitada e mal conduzida.

Substituir um acionista estatal de um país democrático por um acionista estatal estrangeiro, ainda por cima de um país ditatorial, e que não aderiu à convenção anticorrupção da OCDE, não augura nada de bom para Portugal, empobrecido e minado pela corrupção. Mal por mal é preferível um regime de capitalismo de Estado democrático do que um de capitalismo de Estado comunista e ditatorial.

Por isso, o chamado negócio do ano devia antes ser chamado de o desastre do ano 2011.

Extração de rendas e falsos empregos

Uma característica dos sistemas de capitalismo de Estado é a criação de oportunidades para a exploração de rendas de monopólio e criação de empregos inúteis que apenas servem os interesses dos seus fornecedores e trabalhadores.

Existem mesmo situações em que os custos de cobrança desses serviços são superiores ou iguais às receitas cobradas. Aparentemente, será o caso das urgências de alguns hospitais e alguns parques de estacionamento das nossas cidades. Nestes casos não seria melhor deixar de cobrar? Nuns casos sim, noutros não.

Se um parque ou uma urgência não estiverem saturados ao ponto de causar demoras e riscos com custos extraordinários aos seus utilizadores (as chamadas externalidades negativas) é óbvio que não se devia cobrar. Quando não existe benefício visível para os utilizadores o emprego de cobradores e fiscais é um falso emprego, mais valia pagar-lhes para ficarem em casa sem incomodarem os utentes ou criarem externalidades negativas. Por exemplo, quando a introdução de parquímetros faz aumentar o estacionamento em cima dos passeios incomodando e pondo em perigo os peões.

Se na verdade houver custos de congestionamento, estes podem ser resolvidos através do aumento da capacidade existente, do racionamento ou do aumento dos preços de forma a restabe-lecer o equilíbrio entre a oferta e a procura.

No caso da maioria dos serviços privados o mecanismo da concorrência através dos preços resolve esse problema aumen-tando a oferta e/ou reduzindo a procura.

Porém, em certas situações não é possível aumentar a capa-cidade oferecida ou fazê-lo em tempo útil. Por exemplo, pode não existir espaço suficiente para estacionamento no centro das ci-dades, ou a escassez de oferta pode ser meramente temporária, por exemplo no caso de epidemias, ou demorar demasiado tempo a ser construída como acontece no caso dos novos hospitais.

Nestes casos terá de se usar algum tipo de racionamento o qual pode fazer-se através de sistemas de prioridade, por exem-plo utilizando as pulseiras de triagem dos hospitais ou distri-buindo dísticos de prioridade de estacionamento aos residentes, ou ainda através do pagamento de sobretaxas. Se esses títulos de racionamento forem negociáveis ou atribuídos em sistema de lei-lão então serão equivalentes às taxas e sobretaxas.

Quando se trata de bens ou serviços não vitais os sistemas baseados no preço (definido por leilão explícito ou implícito) são mais eficazes na afetação de um recurso não elástico. Embora na sua aparência favoreçam as pessoas com mais meios, isso não é fundamentalmente diferente do que acontece com os serviços privados onde os ricos também podem consumir mais do que os pobres.

Porém, quando se trata de bens e serviços indispensáveis à sobrevivência humana (*e.g.* transplantes ou outros tratamentos vitais), o seu acesso deve ser assegurado equitativamente ao maior número possível de pessoas independentemente dos re-cursos. Mais, isso deve ser feito independentemente das circuns-tâncias individuais, mesmo que para tal se tenham de usar siste-mas de lotaria. Ou seja, nestes casos não se devem usar taxas moderadoras independentemente de as mesmas cobrirem ou não os custos de cobrança.

Por vezes é difícil distinguir os casos prioritários em matéria vital. Mas, nos hospitais seria razoável usar as pulseiras de triagem para identificar quem devia pagar ou não taxas moderadoras.

Para os casos não prioritários devia definir-se um preço de assistência na urgência que excedesse um pouco o custo de ir ao centro de saúde ou a uma clínica privada, de modo a incentivar a oferta e o recurso a esses serviços alternativos durante a noite e nos períodos de ponta.

O que não se pode aceitar é o crescente uso de taxas moderadoras e parquímetros que não têm qualquer impacto no descongestionamento dos serviços e espaços públicos como forma de criar empregos inúteis ou receitas fiscais indevidas.

Não nos esqueçamos que o racionamento é um sistema gerador de grandes ineficiências e interesses particulares pelo que só deve ser usado como um mal menor em casos muito bem definidos e monitorizados.

Será a Caixa Geral de Depósitos uma vaca sagrada?

Uma manifestação típica dos regimes de capitalismo de Estado é a manutenção no setor público de empresas que operam no setor concorrencial. O caso mais flagrante entre nós é a Caixa Geral de Depósitos.

O que é mais estranho neste caso é que capitalistas e sindicatos se aliam na defesa da manutenção deste *status quo*. Por exemplo, ainda recentemente o Eng.º Belmiro de Azevedo se juntou ao coro dos que dizem «privatizar a Caixa, jamais».

Já sabíamos que os principais adversários da privatização da CGD não eram os comunistas e afins, mas sim os restantes bancos.

Não por terem medo de mais concorrência, mas por outras razões que interessa investigar.

Existem dois mistérios no sistema financeiro português:

1) Porque são os bancos os principais opositores da privatização da Caixa?; e
2) Porque raramente recorrem a financiamento internacional os dois maiores grupos portugueses (Sonae e Amorim).

Se a missão da troika (FMI/UE/BCE) quiser perceber verdadeiramente a lógica do sistema financeiro português, antes de proceder à sua recapitalização à custa dos contribuintes, terá de deslindar estes dois mistérios.

Para incentivar os leitores a contribuírem com as suas próprias respostas a este *puzzle* anunciei no meu blogue um concurso público de ideias. O prémio, simbólico, a atribuir à melhor resposta era um livro (*Investment Illusions*, de Martin Fridson).

Estipulei então que as explicações mundanas como teorias da conspiração, *jobs for the boys* e poleiros para políticos, etc., não seriam consideradas suficientemente relevantes.

Não sei se esta regra foi desmotivadora, mas, infelizmente, ninguém se candidatou. O mistério persiste.

Contudo, a minha explicação é a seguinte: desde que iniciou a sua atividade em 1880 como Caixa Económica Portuguesa destinada à recolha de pequenos depósitos, a CGD tinha como missão servir o Estado e os pequenos aforradores funcionando basicamente como uma extensão do Tesouro Público. Após o 25 de Abril, passou a ter um papel relevante enquanto banco hipotecário no crédito à habitação, mas só se transformou verdadeiramente a partir do início da reprivatização da banca em 1985.

Essa transformação passou despercebida ao comum dos cidadãos, mas está hoje claramente assumida na primeira frase da sua missão, que transcrevo: «A CGD tem como missão a consolidação da sua posição como um grupo estruturante do sistema financeiro português.»

Aquando das reprivatizações a maioria dos grandes grupos económicos portugueses não tinha capital suficiente para adquirir os bancos e empresas a privatizar. Daí que tenham utilizado a CGD, e outros expedientes como os acordos parassociais, para assegurar o controlo das empresas reprivatizadas. De forma simplista o esquema foi este: a CGD financiava ou co-financiava os bancos para adquirirem participações nas empresas e estas por sua vez compravam posições minoritárias nos bancos para que os incumbentes nos bancos e nas empresas retivessem a posse das mesmas.

Quando foi necessário mobilizar mais capital para financiar a privatização dos monopólios estatais na energia e telecomunicações o processo repetiu-se transformando-se a CGD na co-financiadora de eleição para o resto do setor bancário.

Esta reconversão da CGD de entidade ao serviço dos pequenos aforradores e do Estado para entidade ao serviço dos grandes grupos económicos está cheia de contradições e anomalias que progressivamente se vão manifestando com custos enormes para as empresas e para os contribuintes. Entre os exemplos recentes, destacamos o caso do BPN, o financiamento do assalto ao BCP e a luta pelo controlo da Cimpor. Entre as anomalias destacamos o facto de um banco estatal como a CGD deter o segundo maior banco de investimento em Portugal.

Todos estes desenvolvimentos na CGD não foram o resultado de um plano deliberado dos sucessivos governos, como seria de esperar num regime de capitalismo de Estado, mas fruto de interesses *ad hoc* e obscuros que é difícil qualificar.

Por isso, o principal problema da CGD não está em ser uma agência de empregos para ex-governantes e políticos, mas sim no facto de impedir uma verdadeira recapitalização dos bancos e empresas feita em condições de sã concorrência e em benefício de todos os investidores.

Assim, uma solução compatível com o capitalismo de mercado terá de passar pelo desmantelar do «monstro CGD» e pela privatização de grande parte, ficando apenas com as áreas de interesse para o Estado e para as PMEs. Falsas privatizações, por exemplo dispersando parte do seu capital em bolsa, apenas agravarão a falta de controlo político da instituição e o seu uso crescente nas disputas entre grupos económicos.

Deixem os espetadores decidir

Uma outra manifestação típica do capitalismo de Estado é a sua intromissão nos mercados através da regulamentação despropositada de atividades concorrenciais. Em Portugal essa intromissão vai dos pequenos negócios, como as farmácias, até aos principais meios de comunicação social.

Na maioria dos casos ela é feita a pedido dos capitalistas já instalados no negócio e receosos da entrada de novos concorrentes.

A propósito da intenção do Governo de privatizar um dos canais da RTP as concorrentes SIC e TVI já se pronunciaram contra essa medida: «O mercado da televisão aberta não tem condições para um novo canal, dizem Pinto Balsemão e Paes do Amaral.»

É normal que os canais instalados não gostem de mais concorrência, mas um dos princípios básicos do capitalismo de mercado é que quem decide se a nova concorrência é viável são os consumidores e não os capitalistas incumbentes. Já repararam no que aconteceria se cada vez que um empreendedor quisesse abrir um restaurante tivesse de ir pedir autorização aos seus concor-rentes?

Ressalto que o princípio da soberania do consumidor se aplica tanto nas indústrias em crescimento como nas que estão em declínio.

É sabido que os *media* tradicionais (imprensa e TV) estão a perder mercado para os novos *media* baseados na Internet. Por isso, é de esperar que muitos operadores tenham de sair do mer-cado e que ocorram consolidações no setor.

Se aceitarmos este veredito há fortes razões para que algu-mas das empresas do setor (no caso, a RTP) tentem reestruturar--se vendendo operações ou ativos antes que a acumulação de pas-sivos as leve à falência. Assim, não se compreende que o Governo adie a sua decisão para momento oportuno (esperemos que não seja para as calendas gregas), porque tal adiamento irá certa-mente prejudicar o erário público.

Quanto à SIC, TVI e outros interessados devem demonstrar no mercado quem tem capacidade para sobreviver, para se con-solidar e crescer numa conjuntura de declínio. O vencedor deve ser decidido num mercado livre e transparente e não nos corre-dores pelos *lobbies* políticos.

Os espetadores serão soberanos para decidir o resultado. É assim que deve ser num verdadeiro sistema de capitalismo de mercado.

Ciclos do capitalismo de Estado português

Para além dos exemplos de manifestações típicas do capitalismo de Estado em vigor em Portugal e noutros países do sul da Europa, in-teressa analisar também se há diferenças significativas nas versões ideológicas de esquerda e direita do capitalismo de Estado Português.

O regime de capitalismo de Estado de direita vigorou em Portugal durante 47 anos, mas teve três ciclos político-económicos distintos.

O primeiro ciclo do Estado Novo, de 1928 a 1938, foi dominado pela ascensão e consolidação do poder pessoal de Salazar. Através da criação de um Estado corporativo, Salazar acabou com o caos vigente durante a Primeira República e reequilibrou as finanças públicas, num contexto de grandes dificuldades resultantes da crise mundial de 1929. O crescimento económico neste período foi pouco (apenas 1,18% por ano), o que exigiu um esforço extraordinário de poupança por parte de uma população pobre e impossibilitada de emigrar.

O período seguinte, de 1938 a 1952, que podemos designar como o ciclo das grandes obras públicas, inspirado nas experiências alemã e italiana dos anos 30, acabou por ter resultados também modestos. Tal ficou a dever-se à morte prematura em 1943 do seu grande impulsionador, Duarte Pacheco, e às dificuldades decorrentes da Segunda Guerra Mundial.

Assim, este ciclo acabou por ter uma modesta taxa de crescimento anual de apenas 1,88%. No final, assistiu-se mesmo ao retomar dos fluxos emigratórios para um nível igual ao dos anos 20 (cerca de 30 mil pessoas por ano).

O ciclo final do Estado Novo, entre 1953 e 1973, iniciou-se já sob a influência do Plano Marshall, e da introdução dos Planos de Fomento. Para estes contribuiu uma nova geração de brilhantes e dedicados funcionários públicos (entre eles alguns como Jacinto Nunes e Silva Lopes, são ainda hoje a referência moral do verdadeiro espírito de serviço público).

Apesar de este ciclo se concluir com o declínio do regime político, sob o ponto de vista económico foi provavelmente o ciclo de maior crescimento na história de Portugal, com uma média de crescimento anual superior a 6%. Este resultado foi ainda mais extraordinário se tivermos em conta que as guerras coloniais começaram em 1961 e que a emigração massiva atingiu o seu auge em 1970 (ano em que mais de 180 mil portugueses emigraram para a Europa).

Comparando o crescimento económico anual dos ciclos do Estado Novo com o crescimento verificado nos ciclos do capitalismo de Estado de esquerda no pós-25 de Abril (2,27% no ciclo de consolidação da democracia, entre 1974 e 1985, 3,81% no segundo ciclo, por vezes designado como o Cavaquismo das grandes obras públicas, entre 1985 e 1999, e 1,53% no ciclo pós-Euro entre 1999 e 2008) não podemos deixar de constatar que Portugal é uma clara demonstração da máxima que diz *Trade is better than Aid.*

Na verdade, apesar do endividamento externo e das vultosas transferências financeiras recebidas da União Europeia, durante os *roaring nineties* o crescimento da economia portuguesa mal chegou a metade do verificado durante o período dos *golden sixties*, quando ocorreu a liberalização da nossa economia após a adesão à EFTA.

Globalmente, ambos os regimes de capitalismo de Estado em Portugal — autoritário de direita e democrático de esquerda — experimentaram exatamente a mesma taxa de crescimento nos seus primeiros 34 anos (2,6% ao ano).

Este desempenho económico não pode ser considerado despiciendo, mas não foi certamente suficiente para assegurar uma recuperação significativa do atraso económico de Portugal tanto em relação aos nossos vizinhos espanhóis como em relação aos países mais desenvolvidos da Europa.

A meu ver, se não houvesse mais razões, esta seria suficiente para dizer que 80 anos de capitalismo de Estado em Portugal já bastam. Chegou a altura de mudar de rumo em direcção a um novo sistema económico baseado no capitalismo de mercado.

2.

IDEOLOGIA

Como os problemas do capitalismo de Estado não são problemas de gestão mas sim de regime, importa analisar as suas causas ideológicas antes de passar às suas condicionantes políticas. Assim, começo por distinguir as questões cíclicas das questões de regime para depois examinar algumas das debilidades do debate ideológico em Portugal. A título de exemplo, destaco a ausência de teóricos de esquerda, a preponderância de Mário Soares na área socialista e o número desmedido de políticos oriundos da extrema-esquerda, em particular do MRPP. De seguida analiso as razões dos complexos de esquerda, ainda presentes na direita portuguesa passados mais de 38 anos desde o 25 de Abril. Concluo com uma análise das causas históricas da fraca adesão aos ideais liberais em Portugal.

Novo ciclo ou novo regime político-económico?

As duas modalidades de capitalismo de Estado vividas em Portugal nos últimos 83 anos devem ser analisadas tendo em conta as suas personagens dominantes e respetivas ideologias.

Por exemplo, a tentativa falhada dos apoiantes do ex-primeiro-ministro Sócrates para controlarem a comunicação social em Portugal teve tanto de grotesco que não pode deixar de ser equiparada às paranoias típicas dos regimes em fim de vida.

O facto de ter podido nomear dois *boys* para administradores executivos de uma grande empresa onde o Estado apenas tinha uns centavos investidos, lembrou-nos o império Romano quando o imperador Calígula nomeou para cônsul o seu cavalo favorito. Para mim, a questão não estava em saber se Sócrates sairia no dia seguinte, daí a três ou a sete anos.

O que interessa é analisar se o novo ciclo, subsequente à sua queda, será mais um, na sequência dos três ciclos pós-25 de Abril a que assisti pessoalmente, ou trará uma profunda transformação na sociedade portuguesa.

Infelizmente, o pessimismo e falta de ideias reinante entre nós faz que as minhas expetativas não sejam muito elevadas. Porém, isso não significa necessariamente que uma mudança para melhor não possa acontecer nos tempos mais próximos.

Por exemplo, lembro-me de, em março de 1974, ao sair do ISE (hoje ISEG) pelo portão da Miguel Lupi, ouvir um militar (general?) que aí vivia comentar que o golpe das Caldas tinha falhado. Como na antevéspera tinha assistido na TV à demonstração de vassalagem ao primeiro-ministro, professor Marcello Caetano, por parte da chamada brigada do reumático, fiquei pessimista e não imaginava que em breve estaria a caminhar livremente em direcção ao Estádio Primeiro de Maio, com a alegria e utopia inigualáveis do pós-25 de Abril.

No entanto, após alguns meses a trabalhar no movimento sindical, aprendi rapidamente que a natureza humana, quando movida apenas pelo desejo de vingar os atropelos do regime deposto, rapidamente volta a praticar as mesmas tropelias. As vítimas do passado transformam-se invariavelmente nos carrascos do presente. A pouco e pouco fui-me apercebendo de que apenas os sistemas genuínos de democracia representativa e o liberalismo constitucional conseguem evitar tais comportamentos.

Também no Outono de 1985, quando aguardava no hotel Solneve da Covilhã os resultados da votação no PRD, e as notícias chegavam melhores do que esperávamos, renascia em mim uma nova esperança em torno desse partido. Um partido que não só prometia encerrar o PREC, mas também introduzir uma nova ética na política.

Porém, o tempo cedo se encarregaria de rapidamente me dar uma segunda lição sobre a natureza humana. Não basta criticar a ausência de valores éticos se não tivermos valores alternativos para promover. Por exemplo, valores baseados na igualdade de oportunidades e na liberdade humana de acordo com os ideais do Iluminismo.

Nessa altura também não antecipei que em breve se iniciaria um novo ciclo de crescimento económico baseado na promoção de obras públicas — habitualmente designado por Cavaquismo.

De igual modo, em 1995, quando ainda vivia em Londres, acompanhei à distância o início do ciclo socialista, que tomei como uma mera pausa no ciclo Cavaquista, que seria retomado logo de seguida. De facto, quando regressei em 1998, mais velho e conservador, ainda fiz uma pequena diligência para voltar à política ativa. Diligência que logo abandonei quando Marcelo Rebelo de Sousa se demitiu de líder do PSD e foi substituído por uma geração de *ex-jotas* sem ideias próprias nem profissão. *Jotas* para quem a política é apenas um trampolim usado pelos cábulas para obterem uma carreira profissional que nunca tentaram nem conseguiriam construir através do método tradicional de estudar e trabalhar afincadamente para ter sucesso na vida.

Quer o ciclo atual seja o último ou o penúltimo do regime de capitalismo de Estado socialista e social-democrata implantado após o 25 de Abril, o importante é que não venha a ser substituído por novo tipo de capitalismo de Estado, seja de direita, esquerda, oligárquico, mafioso ou de qualquer outro tipo.

Após um século de instabilidade política e social que se seguiu às invasões francesas, e dos mais de 80 anos de capitalismo de Estado que se seguiram à Primeira República, o país precisa de virar essa página menos feliz da sua história mais recente.

Um futuro diferente só pode ser construído verdadeiramente na base de um novo regime assente no capitalismo de mercado, um dos seis pilares da felicidade humana que constituem o tema do meu blogue (http://marques-mendes.blogspot.com)

Tal mudança só poderá ser feita se percebermos os constrangimentos ideológicos e políticos da sociedade portuguesa nos dias de hoje.

Onde estão os teóricos da esquerda portuguesa?

Aparentemente não é apenas a esquerda europeia que tem um défice de teóricos. *Vide*[1] *Surprise Result — The most influential European Thinker is an American!* Nesta lista dos principais «pensadores» da esquerda europeia não consta um único português.

---

[1] http://www.social-europe.eu/2010/10/surprise-result-the-most-influential-european-thinker-is-an-american/?utm_source=rss&utm_medium=rss&utm_campaign=surprise-result-the-most-influential-european-thinker-is-an-american

Quando já passaram 38 anos do 25 de Abril, depois de sucessivos governos de esquerda, e num país onde quatro dos cinco partidos com assento parlamentar abrangem o leque completo da esquerda, incluindo comunistas, trotskistas, socialistas e sociais-democratas, não ter um único pensador na lista dos principais teóricos da esquerda é revelador da qualidade da nossa classe política.

Mário Soares e o problema do socialismo

Mário Soares, o mais destacado ideólogo do socialismo português, subscreveu mais um manifesto intitulado Novo Rumo[1]. Nele reitera a sua conhecida aversão à chamada 3.ª via do socialismo e da social-democracia, que acusa de terem «sido colonizadas na viragem do século pelo situacionismo neoliberal».

Tal como o liberalismo, o socialismo é uma relíquia do século XIX. Na época, o socialismo tentou encontrar uma alternativa à emergência do sistema económico capitalista que então substituía com sucesso um regime feudal baseado na servidão. Porém, todas as alternativas socialistas que foram tentadas — socialismo utópico, comunismo, nacional-socialismo e autogestão no estilo jugoslavo — redundaram em estrondosos fracassos geradores de miséria, tirania e guerra.

Por isso, a maioria dos socialistas teve de se conformar com a aceitação do capitalismo, endossando políticas mais ou menos sociais-democratas que visam gerir um capitalismo regulado e com maiores preocupações sociais.

Porém, gerir um sistema em que se não acredita nunca pode dar bom resultado. Quando os socialistas não «metem o socialismo

---

[1] http://www.dn.pt/inicio/portugal/interior.aspx?content_id=2142915&page=-1

na gaveta», como Mário Soares fez durante a sua breve passagem pela chefia do Governo, ficam sem saber o que fazer. Inevitavelmente, tal coloca-os à mercê de interesses corporativos obscuros, ou então enveredam por experiências regulamentadoras asfixiantes ou despesistas que atrofiam a iniciativa empresarial e levam ao descalabro financeiro.

Por isso, salvo raras exceções, as experiências governativas socialistas acabam sempre por aumentar as desigualdades, a corrupção, a injustiça, o desemprego, as despesas públicas, o endividamento, a pobreza e a inflação.

Em termos históricos, não deixa de ser irónico que, das duas principais ideologias de oposição ao feudalismo (o Liberalismo que apoiava o capitalismo emergente e o Socialismo que se lhe opunha e tentava criar uma alternativa), tenha sido o Liberalismo o primeiro a perder influência política logo que a supremacia do capitalismo se consolidou no início de século xx.

É igualmente irónico que a 3.ª via do socialismo tenha dado um seguimento tão entusiasta às experiências neoconservadoras de Reagan e de Thatcher que, a partir das indústrias reguladas, propagaram o emergente capitalismo de gestão.

Na verdade, o capitalismo de gestão é hoje a principal ameaça ao capitalismo por ser um aliado natural das tendências colectivistas e oligopolistas. Porém, tal como o corporativismo promovido pelo nacional-socialismo falhou, também o capitalismo de gestão irá soçobrar perante a superioridade do capitalismo de mercado e a sua incoerência interna.

Soares tem razão em afirmar o falhanço da 3.ª via. No entanto, coloca-se na posição de «Velho do Restelo» chamando à razão a velha guarda socialista.

Na verdade, enquanto o capitalismo de mercado continuar a ser a máquina mais eficaz para gerar riqueza, não vale a pena tentar novas versões de um ideal socialista falhado. Da «velha guarda socialista» dificilmente podemos esperar novos paradigmas.

Ex-MRPPs em Portugal: um «case-study» interessante

A história do Movimento Reorganizativo do Partido do Proletariado (MRPP) é um caso interessante para estudar a relação entre as ideologias e os chamados interesses da *Realpolitik*.

No final dos anos 60, proliferaram no meio universitário inúmeros partidos esquerdistas, a maioria de inspiração maoista. Após o 25 de Abril quase todos caíram no esquecimento, porque a liberdade permitiu aos jovens perceberem quão absurdas eram as teses marxistas-leninistas. Eu próprio pertenci a um desses partidos de cujo nome já nem me lembro. Entre eles, um dos mais radicais era o MRPP.

Tal como a maioria dos outros partidos, o MRPP era constituído por apenas algumas dezenas de militantes, que, após o 25 de Abril, abandonaram a política ou entraram para os partidos parlamentares entretanto criados.

O que é mais interessante no caso do MRPP não é o facto de continuar a existir (embora hoje seja apenas um partido de promoção pessoal de um conhecido advogado lisboeta) ou de o atual presidente da Comissão Europeia ter sido um dos seus militantes.

O que é impressionante no caso do MRPP é a quantidade desproporcionada de ex-militantes que hoje desempenham altos cargos nos partidos, na política, na diplomacia e na magistratura. Por exemplo, para além do Dr. Durão Barroso (presidente da Comissão Europeia), também o ex-secretário de Estado do Orçamento e a procuradora-geral adjunta da República foram destacados dirigentes do MRPP.

Em termos de *case-study* será interessante estudar se isso foi apenas fruto do acaso ou se teve algo a ver com os promotores do MRPP.

O MRPP, tal como a maioria dos outros partidos maoistas na Europa, foi promovido e financiado pela China. Nalguns casos (como aconteceu na Holanda) os serviços secretos ocidentais aproveitaram mesmo para se infiltrar no movimento maoista criando eles próprios partidos maoistas pagos por Pequim. Entre nós, o MRPP era frequentemente acusado pelo PCP de estar ao serviço da CIA.

Que o MRPP tenha sido infiltrado e manipulado pelos serviços secretos chineses, russos ou americanos é provável e normal, e não merece grande estudo.

O que merece ser analisado é se, depois do 25 de Abril, essas agências de espionagem tiveram algum papel na colocação de tantos militantes do MRPP em posições tão relevantes na sociedade portuguesa.

Pessoalmente, como não acompanhei a evolução dos ex-militantes do MRPP no período que se seguiu ao PREC, não posso, por isso, avaliar se isso terá acontecido.

Porém, passados mais de 35 anos o seu estudo pode e deve começar a ser feito por historiadores, politólogos, sociólogos e outros investigadores. Todos teremos a ganhar com um estudo isento e multidisciplinar deste verdadeiro fenómeno na história recente de Portugal.

A direita portuguesa tem complexos de esquerda

Durante o período revolucionário do PREC era normal que os partidos de direita tivessem de usar algumas das palavras de ordem da esquerda. Mas, 38 anos depois do 25 de Abril, ainda terem complexos de esquerda, é insólito.

Alguns exemplos: em Portugal, o PPD/PSD usa apenas a sigla PSD — partido social-democrata — que, em qualquer parte do mundo, é uma designação de esquerda. Porém, no Parlamento Europeu, após uma breve passagem pelo partido liberal, transferiu-se para o Partido Popular Europeu — maioritariamente democrata-cristão — ideologia que o PSD renega em Portugal.

O caso do CDS ainda é mais paradigmático. Não só viu os seus principais fundadores e dirigentes transferirem-se para a esquerda (Freitas do Amaral e Basílio Horta para o PS e Lucas Pires para o PSD), como adotou uma variante democrata-cristã — personalismo humanista — que ninguém sabe verdadeiramente o que é. Além disso afirma-se como antiliberal e pró-corporativo na defesa de algumas corporações (agricultores, ex-combatentes e forças de segurança), cujos interesses hoje nem sempre são legítimos.

A consequência mais nefasta desta atitude de direita envergonhada foi ter permitido à esquerda usar o velho truque de repetir tantas vezes duas mentiras até que a população acabasse por aceitá-las como verdades indiscutíveis. São elas, o mito de que a esquerda se preocupa mais com as desigualdades e com os mais desfavorecidos e a patranha de que o liberalismo (ou neoliberalismo, como a esquerda diz) é um papão que visa a exploração dos trabalhadores pelos patrões.

No entanto, é inquestionável que, em todo o lado, salvo raras exceções, a direita promove mais a justiça social e o bem-estar dos trabalhadores. Não precisamos de ir à Coreia do Norte, China ou Cuba para constatar que os regimes comunistas não só empobrecem toda a população como aumentam as desigualdades sociais. De igual modo, entre os países da OCDE, é nos países socialistas do sul da Europa (Portugal, Espanha, etc.) que as desigualdades medidas pelo coeficiente de Gini são mais elevadas, como se pode facilmente constatar em estudos da OCDE[1].

Quanto aos trabalhadores, qual é o país com mais desemprego? A Espanha socialista, com mais de 20% de desempregados. E quais são os países com menos desemprego? Países liberais como a Suíça e o Luxemburgo, onde a taxa de desemprego é inferior a 4,5%. Quanto à segurança de emprego e condições de trabalho, perguntem aos nossos emigrantes «vítimas» do liberalismo suíço e luxemburguês como comparam os seus atuais patrões com os seus antigos patrões no Portugal socialista.

Em síntese, a direita portuguesa deixou-se aprisionar pelas mentiras da esquerda que, embora reaccionária, se autoproclama progressista e reformista, deixando a direita prisioneira do conservadorismo e com medo de se afirmar ideologicamente como o principal garante da liberdade, da mudança e do progresso.

O primeiro passo para a direita se libertar desse estigma é confrontar ideologicamente a esquerda.

O liberalismo e os partidos políticos em Portugal

O declínio do Partido Liberal Inglês nos anos 20 do século passado marcou o final de uma época política. Embora hoje ainda existam partidos liberais (por exemplo, o grupo liberal no Parlamento Europeu é constituído por 29 partidos e a Internacional Liberal ainda tem 62 membros) estes têm pouco a ver com o liberalismo do século XIX, e o seu espetro político vai da esquerda à direita.

A deserção de importantes líderes liberais ingleses para o Partido Conservador (e.g. Churchill) e para o Partido Trabalhista

---

[1] http://stats.oecd.org/Index.aspx?DataSetCode=CSP6

(*e.g.* Wedgwood Benn) não foi apenas um problema inglês, consequência do cisma criado pela rivalidade entre Asquith e Lloyd George em torno da posição do Partido Liberal quanto à Primeira Guerra Mundial e à mobilização dos homens casados para a mesma.

Traduziu-se sobretudo no abandono das ideias liberais no combate ao crescendo das ideologias anticapitalistas quer fossem de inspiração comunista/socialista (à esquerda) ou nacional-socialista/corporativa (à direita).

As consequências desse abandono foram particularmente trágicas na Europa, tendo resultado na Segunda Guerra Mundial e na escravização da Europa de Leste.

Em Portugal, as ideias liberais foram sempre reduzidas às lutas entre a monarquia constitucional e absolutista de 1820 e não aos verdadeiros ideais da liberdade individual e da iniciativa privada.

Entre nós, ainda hoje, após mais de 80 anos de capitalismo de Estado e 25 anos de governação social-democrata e socialista, é frequente atribuir-se as culpas da crise que o país atravessa ao liberalismo desregulado; demonstrando-se assim um total desconhecimento dos ideais liberais no nosso país.

No entanto, hoje os partidos políticos não agrupam apenas pessoas com interesses definidos numa base ideológica única. Por isso não podemos esperar que as ideias liberais constituam a única base de um novo partido.

Na verdade, quase todos os partidos podem subscrever alguns elementos do ideário liberal. Por exemplo, os partidos de esquerda subscrevem frequentemente ideias do liberalismo moral. Os democratas-cristãos apoiam alguns princípios do liberalismo constitucional e os sociais-democratas e socialistas defendem por vezes políticas de liberalismo económico e social.

Embora a defesa dos ideais liberais por parte dos partidos políticos com assento parlamentar seja geralmente por motivos oportunistas e não por crença nessas ideias, os atos eleitorais deviam ser uma boa ocasião para divulgar tais ideais entre os eleitores. Por exemplo, seria útil que cada um de nós fizesse um pequeno questionário para avaliar quão liberais são os programas dos nossos partidos políticos.

3.

POLÍTICA

A POLÍTICA NÃO É FEITA SÓ DE INTERESSES, ideias e ideologias. Os políticos e os partidos têm dinâmicas próprias que muitas vezes obscurecem e se sobrepõem aos primeiros. Neste capítulo começo por esquematizar a anatomia do poder dentro dos partidos políticos, antes de avaliar a qualidade dos políticos atuais em comparação com os do anterior regime. De seguida analiso os aspetos geracionais e de liderança usando como referência as figuras de José Sócrates, António José Seguro e Passos Coelho. Finalmente, debruço-me sobre três potenciais caminhos para melhorar a qualidade dos políticos atuais — alterar a forma de eleição dos líderes partidários, a participação de «independentes» na política e a promoção de novos partidos políticos.

Anatomia do poder nos partidos políticos

Antes de examinarmos como aplicar os princípios da democracia representativa aos partidos políticos, precisamos de compreender a alocação do poder dentro deles. As lutas de poder dentro das organizações, em geral, e dentro dos partidos têm muitas características em comum com as que foram estudadas na teoria organizacional.

Por exemplo, uma característica saliente nos partidos políticos é a ânsia extrema de poder, bem expressa no ditado popular: «Nos outros partidos, eu tenho adversários; no meu partido, tenho inimigos.» Outro traço distintivo das organizações partidárias é que os seus membros tendem a alinhar-se em grupos. No entanto, esta forma de organização tribal ou feudal frequentemente acaba em duas formas opostas de partilha de poder. Em alguns partidos os candidatos derrotados são seletivamente convidados a participar no poder com os vencedores, enquanto noutros são ostracizados, remetidos para a oposição ou sujeitos a expulsão.

Tais grupos são formados de várias maneiras, incluindo a partilha de ideais ou ideologia mas, geralmente, as fações lutam por poder em torno de questões mundanas. Por exemplo, a mais comum é a disputa por alterações obscuras nos estatutos do partido, que são imediatamente esquecidas quando a disputa acaba. Uma outra forma macabra de disputar a sucessão nos partidos comunistas é em torno da organização do funeral dos líderes falecidos. Muitos líderes também gerem os partidos como se fossem uma casa real, onde o poder dos vários cortesãos se baseia no acesso às chaves da porta da sala de audiências.

Na minha breve experiência como membro da direção de um partido identifiquei três principais fontes de poder dentro dos partidos políticos. Estas estão localizadas na *entourage* do líder, na administração (aparelho) responsável pela ligação com as secções locais do partido e nos *fundraisers* (angariadores de financiamento).

O gabinete do líder é geralmente composto por, pelo menos, quatro ou cinco pessoas: o chefe de gabinete, o secretário-geral, o responsável pelas relações com os meios de comunicação e o coordenador das relações com as estruturas locais do partido.

Entre si, os membros do gabinete gerem uma rede oficial e não-oficial de conselheiros políticos. O seu papel pode ser bastante distinto, havendo conselheiros que não são membros dos órgãos eleitos do partido e alguns que nem sequer são membros do partido. Há muitos que vêm e vão com as mudanças de políticas e há alguns com influência duradoura sobre o líder. Os últimos são os mais poderosos e geralmente fazem parte da lista não oficial ou não divulgada de conselheiros, incluindo muitas vezes membros da família e os financiadores do partido. Os chefes do gabinete e da administração são essenciais para a relação entre o líder e os membros do partido e com os grupos de interesse em geral.

O segundo dirigente mais importante é geralmente o responsável pela administração (com um título de secretário-geral, chefe de gabinete ou similar). Por causa do papel que desempenha no controle sobre os militantes, ele é essencial para a reeleição do líder. A sua influência deriva do controlo da distribuição dos recursos entre as várias secções do partido e, mais significativo, do seu papel na organização das campanhas eleitorais e de todos os eventos do partido. No entanto, a forma como o partido está organizado em termos de secções locais e do processo de seleção dos seus membros para as eleições nacionais pode reduzir a influência do responsável pelo «aparelho».

Finalmente, o terceiro tipo de apoiantes partidários mais influentes inclui os responsáveis pela angariação de fundos. Há três espécies distintas de angariadores: o tesoureiro do partido, que nalguns casos tem uma função meramente contabilística sem influência política, os apoiantes ricos do partido, que são também alguns dos maiores doadores e os angariadores de fundos que não são doadores. Os segundos podem ter alguma influência na definição de políticas, mas os mais ativos e influentes na venda de favores políticos e votos aos grupos de interesses especiais são os angariadores. Neste grupo, muitas vezes, encontramos personagens obscuras e de reputação duvidosa que são recompensadas com sinecuras (por exemplo, lugares no Parlamento Europeu ou nas empresas públicas) ou com uma percentagem significativa das doações recebidas.

É neste contexto de poder organizacional interno dos partidos que qualquer regulamentação que vise melhorar a democracia representativa interna terá de ser discutida. Esta terá de considerar a relação com as secções locais do partido e o seu papel na seleção de candidatos a cargos nacionais, bem como o papel dos diversos órgãos nacionais que representam o partido.

A qualidade dos políticos hoje e no tempo de Salazar

As declarações em finais de 2011 de Pedro Nuno Santos, ex-dirigente da *jota* Socialista e porta-voz do Partido Socialista para a Economia, sobre o não pagamento da dívida soberana não foram simplesmente mais uma demonstração da baixa qualidade da classe política portuguesa.

As suas declarações confirmaram também a inquestionável inferioridade média da classe política atual em relação à classe política do anterior regime, e são uma ilustração clara das razões dessa inferioridade.

Os dois regimes de capitalismo de Estado que vigoram no país há mais de 80 anos — o corporativismo de direita até 1974 e o socialismo de esquerda desde então — assentam igualmente na promoção do nepotismo e na criação de uma classe política dependente das «rendas e mordomias» do exercício da governação. Ambos os regimes procuraram arregimentar os jovens em organizações partidárias de juventude — Salazar na Mocidade

Portuguesa e os partidos atuais nas *jotas* — para funcionarem como centrais de recrutamento de quadros políticos.

Dado que os dois regimes seguiram a mesma estratégia de promover a partidocracia em detrimento da meritocracia, então porque são piores os políticos atuais? Fundamentalmente por duas razões.

Primeiro, porque a Mocidade Portuguesa, sendo uma organização com caráter militarista, acabou por fornecer sobretudo quadros para as forças militares e de segurança deixando em aberto as restantes áreas da política que eram frequentemente preenchidas por académicos. Pelo contrário, o caráter civil das atuais *Jotas* permitiu alargar a sua intervenção à totalidade das áreas políticas.

A segunda razão tem a ver com a personalidade dos fundadores dos dois regimes. Enquanto Salazar era um académico consagrado de mérito inquestionável, os «associativos» que fundaram o atual regime passaram diretamente dos bancos da escola para a política, sendo muitos deles alunos fracos ou cábulas que concluíram os respetivos cursos com notas baixas ou através de diversos expedientes.

Consequentemente, em contraste com os políticos atuais, Salazar não desconfiava ou temia os mais inteligentes e frequentemente recrutava os seus colaboradores entre os seus pares (em termos de inteligência e mérito académico).

Pelo contrário as *Jotas* atuais recrutam os seus membros nas associações académicas em função de fidelidades pessoais e da sua capacidade de ganhar eleições, que constituem a razão de ser e atividade quase exclusiva das associações de estudantes. Naturalmente, tais associações acabam por atrair sobretudo os estudantes cábulas e peritos em expedientes para tirar o curso com o mínimo de esforço.

Em suma, enquanto não houver uma «Revolução dos *Nerds*» ou qualquer outra inspirada na promoção do mérito individual e que questione o atual regime de mediocridade, a qualidade média da classe política portuguesa dificilmente melhorará.

No entanto, poderá melhorar se os líderes partidários limitarem o recrutamento de quadros políticos oriundos das *Jotas* e/ou se os estudantes repudiarem a «eleitorite aguda» das associações de estudantes que apenas serve para a formação de «associativos politiqueiros».

A renovação dos partidos e a saída de Sócrates

No meu ensaio[1] de Ano Novo exprimi dois desejos para 2011. O primeiro desejo foi satisfeito. Para já ficou resolvido um dos principais problemas de Portugal — a remoção de Sócrates e dos seus acólitos. Num país cheio de medíocres a alimentarem-se num sistema de mediocridade a tarefa mais urgente é remover os medíocres. Porém, como evitar que mudem os medíocres, mas a mediocridade fique na mesma?

Para tal é fundamental uma mudança também nos partidos, tanto nos vencedores (PSD e CDS) como nos vencidos (PS).

O Partido Socialista precisa de aproveitar a sua passagem pela oposição para fazer duas coisas. Uma (mais fácil), libertar-se de uma vez por todas dos amigos indesejáveis terceiro-mundistas (Chávez e companhia). Outra (mais difícil), perceber porque é que o falso liberalismo, à medida e para benefício exclusivo dos amigos, não constitui uma saída para o socialismo.

O PSD e o CDS precisam de governar com base em valores assentes no mérito e na ética. Desde logo, uma demonstração dessa nova maneira de fazer política seria a redução substancial dos cargos políticos não eleitos, tornando-os visíveis e transpa-

_____

[1] http://marques-mendes.blogspot.com/2010/12/new-year-wishes.html

rentes e evitando que sejam tomados de assalto pelos *boys* dos dois partidos.

Para começar, Passos Coelho podia ter iniciado o seu discurso de tomada de posse parafraseando o de Salazar «Aos meus apoiantes peço que sejam os últimos a pedir-me favores e os primeiros a aceitar os sacrifícios que o país precisa de fazer para sair desta crise.» (Salazar terá dito isto de forma diferente, mas tanto quanto me lembro o sentido era este.)

Infelizmente, no primeiro ano da sua governação ainda não houve qualquer demonstração da aplicação deste princípio.

António José Seguro: Guterres número três?

Afinal o Congresso do Partido Socialista que decorreu após a saída de Sócrates não foi apenas a coroação do recém-eleito secretário-geral. O regresso de Mário Soares ao Congresso, após uma ausência de mais de 25 anos, foi mais do que simbólico. Para se perceber a sua relevância é preciso regressar a meados da década de 1980.

Nessa época, a incontestável dominância do PS por Mário Soares foi quebrada com a ascensão ao poder do chamado ex--secretariado de que se destacou António Guterres, que viria a liderar o partido e, mais tarde, chegaria a primeiro-ministro. Lembro-me de que na época, Guterres, um político promissor, era dirigente da distrital de Castelo Branco, onde tinha como «assessores» dois jovens, José Sócrates e António José Seguro. Quando chegou ao poder levou-os naturalmente para cargos governamentais da sua confiança pessoal em Lisboa.

Acontece porém que o promissor António Guterres veio a revelar-se um desastre enquanto primeiro-ministro, por duas razões bastante diferentes. A primeira, do foro pessoal, resultado da sua desmotivação e apatia causadas pela doença fatídica da sua mulher. A segunda razão deve-se aos compromissos que fez para assegurar uma convivência pacífica com os Soaristas e antigos companheiros de IPE, entregando-lhes a condução das áreas governativas mais relevantes para o mundo dos negócios.

Por isso, se realmente tinha alguma visão para o país, ela foi imediatamente ofuscada pela apatia e pelos compromissos com os interesses instalados.

Frequentemente, os «número dois» dos líderes fortes são maus líderes, pelas razões explicadas na teoria das organizações, e como ficou claramente demonstrado com Fernando Nogueira quando substituiu Cavaco Silva.

Quando se trata da substituição de líderes desmotivados ou fracos a escolha do «número dois» é ainda mais desastrosa, como ficou cabalmente demonstrado com José Sócrates. Quando se opta por escolher o «número três», como o PS acaba de fazer, os auspícios não são nada bons.

Com a perspicácia que lhe é reconhecida, Mário Soares percebe que o Guterrismo de António José Seguro não conseguirá sobreviver a quatro anos fora do poder. Por isso apareceu novamente, acompanhado de dois dos co-fundadores do PS, para tentar iniciar um processo de restauração do Soarismo sem Soares. Ora isso também não augura nada de bom para o PS e para o país.

É verdade que o PS tem de se modernizar. Mas para isso precisa de perceber o que estava errado no falso liberalismo do Guterrismo e não de ressuscitar as «múmias» do republicanismo laico. Só um PS modernizado e mais liberal poderá fazer a oposição construtiva de que o país precisa.

Passos Coelho — mudança de geração e tecnocracia

Em junho de 2011, Passos Coelho apresentou o seu Governo. Os aspetos mais relevantes da sua composição foram a «juventude» dos ministros, a total ausência de políticos experientes (com exceção de Paulo Portas), e a predominância de académicos e tecnocratas sem filiação partidária nas pastas mais importantes.

Trata-se de uma mudança radical na forma tradicional de formar governos em Portugal, que naturalmente causa alguma inquietude. O país precisa que esta solução de recurso dê certo (os políticos mais experientes como Catroga e Vitor Bento terão declinado liderar os chamados superministérios). Por isso, devemos dar-lhe o benefício da dúvida, sem contudo deixar de ponderar as suas vantagens e limitações.

Muitos países sujeitos a programas de ajustamento do FMI têm optado por governos de tecnocratas reservando-se os políticos para o período pós-programa.

Os resultados dessa estratégia podem ser radicalmente diferentes em função da forma como decorre o programa de ajustamento. Se o mesmo for excessivo, e gerar grande revolta social, os governos tecnocratas revelam-se incapazes de gerir os conflitos sociais e geralmente soçobram. Caso contrário, são uma boa solução interina porque são menos permeáveis aos grupos de interesses que gravitam à volta dos partidos.

No caso português, o programa do FMI é bastante moderado. Nesse sentido, ministros tecnocratas como Paulo Macedo e Vitor Gaspar têm boas condições para ter sucesso. Ambos são bons especialistas na sua área profissional (respetivamente, Fiscalidade e Teoria Económica) e determinados, embora algo dogmáticos. Estas qualidades são boas para fazer face aos *lobbies* instalados nos dois setores. Porém, se, como é possível, o programa do

FMI falhar antes do seu término em 2013, essas mesmas qualidades passarão a ser defeitos inconvenientes.

Quanto à ausência de políticos experientes (lembremos que o próprio primeiro-ministro não tem experiência governativa) essa desvantagem só será perigosa em duas circunstâncias. Em primeiro lugar se o próprio primeiro-ministro for incapaz de liderar efetivamente o Governo e entrar em rota de colisão com Paulo Portas, como parece estar a acontecer, em segundo lugar, se o primeiro-ministro governar através dos secretários de Estado escolhidos pelo aparelho partidário, retirando aos ministros o papel de verdadeiros coordenadores, remetendo-os para funções de representação. Infelizmente, esta prática está muito enraizada no nosso sistema de Governo e foi mesmo exacerbada por José Sócrates.

A forma mais simples de Passos Coelho evitar este problema é replicar o que fazia Salazar e faz a McKinsey — isto é, identificar nas universidades/empresas (e não nas *jotas*) os jovens mais brilhantes e atraí-los para uma carreira *fast-track* de formação para futuros políticos (passando sucessivamente por adjuntos, diretores, subsecretários de Estado e secretários de Estado).

Finalmente, o aspeto mais relevante é a substituição da geração dos anos 70 pela geração dos anos 80. Na verdade, não se trata apenas de mais uma mudança inevitável e natural de gerações.

A minha geração de 70 teve a particularidade de ainda ter vivido o final do Estado Novo e de ter iniciado a sua carreira durante o PREC. Talvez por isso esteja ainda condicionada por um misto de ideias revolucionárias, coletivistas e anticapitalistas. Formou-se no fervor da luta pós-revolucionária, com pouca formação académica, e isso refletiu-se na sua incapacidade para governar o país e enfrentar as novas realidades da globalização.

A geração de 80 ainda apanhou o final do caos nas universidades, mas formou-se no período das privatizações e acumulação rápida de riqueza sobretudo no setor financeiro. A chamada geração *yuppie* (*Young Upwardly Mobile Professionals*) era mais motivada pelo dinheiro do que por ideais, sendo geralmente adversa à cultura.

É por isso uma ironia do destino que lhe caiba agora gerir o país numa situação de empobrecimento e de declínio. Fazendo um paralelo com a reestruturação das empresas, esperemos que esta geração saiba suprir as suas falhas culturais e nos surpreenda pela positiva fazendo com sucesso o *turnaround* da situação em vez de optar pela liquidação típica dos *buyout and vulture funds*.

Em conclusão, estamos no início de uma nova fase que tanto poderá ser o culminar do regime de capitalismo de Estado socialista dos últimos 38 anos como o início de uma mudança reformista para um novo regime de capitalismo de mercado. Em parte, a via escolhida dependerá da capacidade do primeiro-ministro para aplicar as suas proclamadas ideias liberais para libertar o enorme potencial que existe no povo português.

Infelizmente, ao fim de um ano, ainda não se vislumbram exemplos de tal liberalismo.

Prós e contras da eleição direta dos líderes partidários

Não é possível melhorar o funcionamento da democracia representativa sem aplicar os seus princípios básicos ao funcionamento dos próprios partidos. Entre estes princípios destacamos o sufrágio universal, intransmissível e secreto.

A aplicação deste princípio na eleição direta dos líderes partidários tem méritos indiscutíveis. Desde logo porque dá voz a todos os membros do partido. Depois, porque torna públicas as disputas eleitorais dentro do partido, permitindo aos eleitores que não são membros do partido conhecer melhor as ideias dos seus futuros líderes e candidatos a governantes.

Alguns defensores deste princípio propõem também que a eleição por voto direto seja alargada aos restantes dirigentes nacionais, locais e regionais do partido, enquanto outros vão ainda mais longe, defendendo que as eleições sejam abertas a não-membros do partido. Os primeiros têm razão e porventura isso será mesmo indispensável para assegurar a aplicação do princípio da eleição direta.

Já a proposta dos segundos resultaria numa perversão total do que devem ser os partidos políticos.

Sob o ponto de vista do *marketing* esta ideia parece razoável, uma vez que se trataria de replicar a técnica dos grupos de opinião (*focus groups*) usada nas vendas. Porém, os partidos não se podem transformar em simples máquinas de conquista do poder que buscam permanentemente o líder que lhes permita chegar ao poder pela forma mais rápida possível.

Quanto aos inconvenientes da eleição direta dos líderes ficaram claramente ilustrados pelas eleições de José Sócrates (com 93% dos votos em março de 2011) e de António José Seguro (com 68% em julho de 2011) no Partido Socialista. O primeiro inconveniente é que este modelo permite perpetuar a eleição incontestável do líder quando o partido está no poder, mesmo quando é indesejado pela maioria dos eleitores.

Uma ilustração clara deste problema ocorreu com José Sócrates que alguns dias depois de ser eleito por mais de 90% dos membros do partido teve de se demitir por ter sido responsável pela maior derrota eleitoral do PS.

Um outro inconveniente do sistema de eleição direta consiste em facilitar a eleição dos candidatos que tenham o apoio da máquina partidária. Este problema também ficou claramente ilustrado na recente disputa entre Francisco Assis e António José Seguro pela liderança do PS .

De igual modo, as eleições diretas esvaziam o debate do Congresso subsequente para eleger os restantes órgãos do Partido, transformando-o numa espécie de cerimónia de coroação do novo líder.

Isto é tanto mais grave quanto os partidos forem meras associações de interesses, onde os militantes se agregam em «baronatos» pessoais e não ideológicos.

Entre nós, este problema é claramente visível no PSD, partido sem ideologia definida, onde as pessoas se dividem em Barrosistas, Santanistas, ou Cavaquistas em vez de se dividirem em liberais, sociais-democratas ou democratas-cristãos.

Ponderados os prós e os contras do sistema de eleição direta, alguns partidos têm introduzido sistemas mistos. Em Inglaterra os principais partidos têm vários tipos de eleitores com votos diferentes (por exemplo os deputados, os sindicalistas e as organizações de jovens).

No entanto, os sistemas mistos só funcionarão bem se houver uma clara distinção entre eleições para dirigentes partidários e eleições primárias para escolha de candidatos a eleições para cargos governativos.

Nalguns partidos ingleses os líderes das concelhias não podem ser candidatos a deputado ou a presidente de câmara. Esses candidatos só podem ser propostos pela direção nacional do partido, mas em contrapartida têm de ser aprovados pela concelhia que irão representar.

Em conclusão, a opção ou rejeição do método de eleição direta só deve ser tomada depois de definido o modelo de relacionamento entre as várias estruturas partidárias e as modalidades de escolha de candidatos a cargos partidários ou governamentais.

Num sistema como o nosso, onde o número de cargos políticos não-eleitos é excessivo e as bases dos partidos não realizam eleições primárias para os cargos de proximidade (juntas de Freguesia e câmaras), a eleição direta do líder tem mais inconvenientes do que vantagens.

O mito dos independentes na política

Supostamente o governo de Passos Coelho tem 1/3 de ministros independentes. Para uns isso será um bom sinal, mas para outros é um erro. Para avaliar as vantagens e desvantagens dos ditos independentes é preciso primeiro esclarecer o que é um independente.

Entre nós, existe uma grande confusão sobre o que é um independente. Para uns trata-se de uma pessoa imparcial relativamente aos partidos, para alguns é uma pessoa apolítica, para outros não passa de um vira-casacas (que apoia o partido que estiver no poder), e para outros ainda é mesmo uma pessoa antipolítica.

Cada uma destas quatro definições está errada. Formalmente, um independente é uma pessoa que não é filiada em nenhum partido. Ponto final. Na verdade, dado o baixo nível de filiação partidária em Portugal (inferior à média dos clubes de futebol), podemos dizer que a maioria dos portugueses é independente. Por isso, a classificação de independente é pouco esclarecedora para servir de base a uma avaliação do mérito dos políticos.

O nosso posicionamento em relação aos partidos políticos é distinto do posicionamento em relação à política. Uma das grandes vantagens da democracia representativa é que a maioria das pessoas não precisa de se interessar pela política, mas mesmo assim pode fazer valer a sua opinião nas eleições através do seu voto pessoal e intransmissível.

Em relação aos que se interessam pela política eles têm de ter alguma forma de relacionamento com os partidos políticos. Podem fazê-lo de várias formas — como militantes ativos, militantes que apenas pagam as quotas, cooperantes influentes ou ocasionais, simpatizantes, votantes regulares, e ocasionais. As pessoas podem também definir-se como inimigos, adversários, antipatizantes ou indiferentes relativamente a um partido político. Por isso, não faz sentido que os que se interessam por política, ou aceitam cargos políticos, confundam independência com imparcialidade ou indiferença relativamente aos partidos.

No meu caso pessoal, enquanto defensor do liberalismo constitucional, acabo por ser um votante ocasional no PSD embora não me reveja nesse partido por ser predominantemente social-democrata. Obviamente não sou filiado, mas tal não me dá o estatuto de independente no sentido de imparcial ou indiferente relativamente aos seus resultados eleitorais. Por analogia, apesar de não me interessar por futebol, simpatizo mais com o Porto do que com o Benfica. Por isso, quando estão os dois a jogar torço pelo Porto. Obviamente que não sou indiferente aos resultados do jogo. Isto é, não sou independente no sentido de imparcial.

De igual modo, dizer que Catroga ou Silva Lopes são independentes respetivamente do PSD e do PS não quer dizer que sejam indiferentes a esses partidos. O primeiro é um cooperante influente do PSD e o segundo é um cooperante ocasional do PS. O facto de ambos não serem filiados nos respetivos partidos não significa que sejam imparciais em relação às políticas dos seus respetivos partidos ou desinteressados em relação à atividade política dos mesmos.

Então porque não aderem os «independentes» aos respetivos partidos? Moralmente existem boas e más razões para recusar a filiação partidária, mesmo quando não se recusa igualmente o exercício de cargos políticos eleitos ou não.

Existem diversas razões legítimas para os apoiantes regulares dos partidos não se envolverem na atividade partidária. Entre elas, destaco o desejo de não terem de se submeter à disciplina partidária, não gostarem de se envolver nas lutas pelo poder dentro dos partidos, não terem tempo para dedicar ao partido ou não estarem suficientemente motivados para a atividade política.

Mas existem igualmente razões moralmente reprováveis de oportunismo político. Por exemplo, não se filiar para deixar a porta aberta a convites de outros partidos para cargos políticos. Ou, no caso dos autarcas, para conseguirem o apoio dos militantes dos outros partidos para a sua reeleição.

O oportunismo político pode ser desculpável nalguns casos, mas em geral é claramente condenável.

Por exemplo, acontece muitas vezes a nível nacional que os detentores de cargos políticos não eleitos, quando anteveem que existe a probabilidade de uma mudança partidária, começam a ser críticos das políticas correntes e a demonstrar alguma compreensão pelas políticas da oposição com o objetivo de poderem ser retidos ou repescados para novas funções quando houver mudança de governo. Este comportamento é particularmente visível entre os adeptos do chamado «centrão» e entre pessoas ligadas por laços familiares, amizades ou comunhão de interesses.

Existe ainda um grupo de ditos independentes que esconde o seu oportunismo político adotando uma atitude de sobranceria que os leva a afirmar-se como apolíticos ou como estando acima dos partidos, mas a quem os partidos teriam a obrigação de recorrer. Quando não se trata apenas da normal sublimação das fraquezas através da arrogância, esta forma de oportunismo é das mais perniciosas.

Em suma, as razões ilegítimas e imorais para recorrer ao estatuto de Independente são muito mais numerosas do que as razões válidas.

Por isso, não vejo qualquer razão para se invocar o estatuto de independente como algo de positivo para a vida política.

Os partidos devem procurar alargar a área de recrutamento para cargos políticos aos seus simpatizantes que não sejam militantes (mesmo correndo o risco de atrair os chamados simpatizantes de ocasião), mas não devem promover o estatuto de Independente pois o que se ganha em competência perde-se em oportunismo.

Quando as pessoas ocupam cargos políticos devem claramente afirmar o seu alinhamento. Mais ainda, se ocuparem cargos políticos com regularidade devem mesmo traduzir as suas simpatias políticas através da filiação partidária. Tal transparência é boa para os próprios e para os partidos.

Só com transparência a democracia é verdadeiramente representativa. De outro modo, num país como o nosso onde existe um número excessivo de cargos políticos remunerados, mas não eleitos (os eleitos locais, regionais e nacionais são mais de 14 mil enquanto os não eleitos nomeados para os gabinetes camarários e governamentais, as empresas municipais e públicas, os hospitais, as direções regionais e a administração central serão cerca de 10 mil), corre-se o risco de confundir a democracia representativa com as formas perversas de democracia latino-americana no estilo mexicano ou venezuelano.

Novos partidos políticos ou reforma dos existentes?

Os boletins de voto das últimas eleições apresentavam uma lista excessiva de partidos políticos. Tal parece contradizer a ideia muitas vezes defendida de que para se alterar o atual regime político o país precisa de novos partidos políticos. Em contrapartida, também é verdade que desde 1975 temos tido sempre os mesmos quatro ou cinco partidos representados no parlamento.

Estamos pois perante dois problemas bastante diferentes. Por um lado, precisamos de exigir periodicamente aos partidos extra parlamentares que provem ter um mínimo de apoiantes para se poderem apresentar às eleições. Por outro lado, temos de ponderar se os atuais partidos com assento parlamentar são suficientemente representativos das várias sensibilidades políticas.

A questão de saber se quatro partidos são ou não suficientes depende de uma questão prévia sobre se pretendemos um sistema político bipartidário ou um sistema multipartidário, em que as maiorias têm de ser sempre constituídas por vários partidos.

O atual sistema aponta para a primeira opção, mas não de forma inequívoca. Embora desde 1975 os governos tenham alternado entre os socialistas e os sociais-democratas, o CDS tem sido ocasionalmente chamado a aliar-se a um dos dois para assegurar uma maioria parlamentar.

Como o povo português tem sido muito relutante na atribuição de maiorias absolutas, parece-me que um sistema multipartidário representaria melhor as suas preferências.

Assim sendo, faria sentido criar pelo menos dois novos partidos com representação parlamentar. Um à direita entre o CDS e o PSD de ideologia liberal e outro à esquerda entre o PS e o PCP de ideologia socialista marxista não revolucionária.

Porém, as experiências já tentadas entre nós com a criação da ASDI, do PRD, e do PSN mostram que a sobrevivência dos novos partidos tem sido efémera.

No caso do PSN porque os portugueses nitidamente rejeitam os partidos de causa única (reformados, ambiente, etc.). No caso do extinto PRD e do Bloco de Esquerda (em declínio e desagregação) porque não souberam posicionar-se claramente e porque procuraram atrair sobretudo os indesejáveis autoproclamados independentes e membros do chamado «centrão». No caso do PRD este partido oscilava entre estar à direita ou à esquerda do PS enquanto o Bloco de Esquerda oscila entre estar à esquerda ou à direita do PCP.

Tendo falhado estas tentativas de diversificar o leque partidário, parece ser altura de ensaiar a alternativa de tentar reformar os partidos que temos no sentido de modificarem as suas práticas políticas e de se abrirem às correntes ideológicas atrás referidas.

Tal não é tarefa fácil pois exige que aceitem um código de boas práticas partidárias e algumas alterações constitucionais. No entanto, também não é uma tarefa impossível se a opinião pública for mobilizada para os forçar a aceitar essas reformas. Ao fim e ao cabo os partidos dependem do voto dessa mesma opinião pública.

4.

DEMOCRACIA

D EMOCRACIA E CAPITALISMO DE MERCADO são inseparáveis. Por sua vez, a democracia é um dos pilares básicos da felicidade humana por ser indissociável da liberdade. Em particular, a chamada democracia representativa é geralmente identificada como a verdadeira forma de democracia. Contudo, esta visão é frequentemente questionada tanto ao nível teórico como na *praxis* política. Assim, neste capítulo, depois de mostrar que os partidos políticos e os sistemas representativos são as bases da verdadeira democracia, analiso alguns dos problemas da democracia representativa em Portugal. Começo por desmistificar os mitos generalizados sobre o número de deputados e sobre o seu estatuto. Finalmente, analiso o nosso sistema eleitoral em três vertentes — a votação nos deputados ou partidos políticos, a escolha de círculos eleitorais e os sistemas de ponderação do voto mais adequados para assegurar uma genuína representatividade política.

Partidos políticos e democracia representativa

O que têm em comum o bombista norueguês, os manifestantes de Londres, os ocupantes de Wall Street e os injustiçados de Madrid? Todos questionam a capacidade dos representantes eleitos para os ouvir. Todos usaram os novos meios de comunicação para se organizarem e promoverem ou cometerem os seus atos.

Nestes eventos, os políticos e os meios de comunicação são sempre responsabilizados pelo extremismo e a loucura dos indivíduos e das multidões. Tais episódios também são invariavelmente seguidos de repetidos apelos à regulamentação dos partidos e dos *media*. Consideremos então os méritos de uma maior regulamentação dos partidos.

É um facto bem estabelecido que a democracia representativa deve ser complementada pelo liberalismo constitucional e por um sistema judicial independente, para proteger os indivíduos e as minorias da interferência indevida dos governos e da opressão das maiorias. Tal é geralmente considerado como suficiente e, portanto, os partidos políticos, geralmente, são deixados entregues a si próprios. Então, será que alguma coisa mudou nos tempos mais recentes? Sim e não!

A maioria dos principais partidos perdeu a sua identificação ideológica, deixando o confronto de ideologias para os pequenos partidos não parlamentares. Houve também uma tendência crescente para a rotação partidária no governo no contexto de um sistema político bipartidário.

Portanto, os partidos políticos transformaram-se em coligações opacas de interesses, sustentadas em grandes organizações (por vezes secretas) e alimentadas por um número cada vez maior de empregos partidários no governo e nas empresas reguladas. A sua comunicação com o eleitorado é cada vez mais profissionalizada e delegada nos técnicos de *marketing* e nas empresas de relações públicas com enormes recursos e acesso privilegiado aos meios de comunicação social. Isto permite aos grandes partidos preservar a sua posição «duopolista» à custa dos pequenos partidos.

Os pequenos partidos (parlamentares e não-parlamentares) alcançam ocasionalmente uma visibilidade efémera, mas apenas tomando posições radicais ou mediáticas. No entanto, esta é uma via de autodestruição, impedindo-os de participar no governo ou de ver os seus pontos de vista considerados pelos legisladores e pelo público em geral. Na prática, enfrentam uma situação semelhante à dos pequenos fornecedores das grandes empresas. Por isso, também eles beneficiariam de uma maior regulação dos grandes partidos políticos destinada a nivelar as condições de concorrência no sistema eleitoral.

É verdade que o progresso tecnológico dos *media* baseados na internet veio dar-lhes uma nova oportunidade para desafiar os grandes partidos. Porém, tal como o surgimento do *e-mail* barato trouxe consigo a necessidade de programas *anti-spam* também o eleitor pedirá proteção contra um *spam* de partidos minúsculos.

Portanto, a regulação dos partidos precisa de tratar ambos os lados do problema, mas diferenciando entre partidos grandes e pequenos. Por exemplo, enquanto a divulgação pública dos militantes deve ser exigida a ambos os tipos de partidos, já as regras sobre a seleção dos seus candidatos eleitorais devem ser aplicadas apenas aos grandes partidos, porque os pequenos não têm um número suficiente de candidatos e militantes que o justifiquem. Da mesma forma, devem ser diferenciados muitos aspetos da regulação do seu financiamento e acesso aos serviços de radiodifusão durante as campanhas eleitorais.

Uma área importante da regulação dos grandes partidos políticos é a imposição de limites aos seus gastos com campanhas

eleitorais. Tal regulamentação justifica-se porque períodos pro-
longados em campanha eleitoral através dos *media* tornam-se
demasiado longos e, consequentemente, caros. Isto dá aos partidos do poder uma vantagem competitiva desleal. Além disso,
compromete uma gestão pública independente e gera «cansaço
da democracia».

Embora as novas realidades exijam uma melhor regulamentação dos partidos políticos, a representação nas sociedades
democráticas deve continuar a ser restringida aos partidos políticos com objetivos políticos claramente definidos. Recorrer a
outros tipos de associações, que prossigam interesses específicos ou valores confessionais, seria degenerar facilmente em sociedades enfraquecidas e cair na anarquia ou totalitarismo.

Ou seja, é melhor aumentar a concorrência entre partidos,
do que procurar novos jogadores.

Excesso ou falta de deputados?

Em Portugal existe um consenso alargado sobre a baixa qualidade
dos deputados da Assembleia da República. Na lista de medidas
propostas para resolver o problema surge invariavelmente a proposta de reduzir o número de deputados e/ou aumentar o seu
vencimento de forma a atrair pessoas mais capazes. No entanto,
uma solução oposta aumentando o número de deputados e dimi-
nuindo a sua remuneração poderá ser mais eficaz.

Na verdade, tanto a prática como a teoria mostram que tais
medidas não só foram ineficazes no passado como têm vindo a
destruir o princípio básico da representatividade dos eleitos.
Vejamos porquê.

Para verificarmos que essas medidas são ineficazes basta
recordar que essa via tem sido seguida em Portugal, com os

resultados que estão à vista. De facto, a primeira legislatura da Terceira República iniciou-se em 1976 com 263 deputados, cujo número foi reduzido para 250 em 1979 e, posteriormente, em 1991, foi novamente reduzido para os atuais 230 deputados.

Para definir o número adequado de deputados, respeitando o equilíbrio entre os princípios da proporcionalidade e da eficácia, temos de ponderar a natureza da constituição e do sistema eleitoral dos diferentes regimes políticos. Tal exige um debate prévio e esclarecido sobre a função dos deputados e sobre as múltiplas opções consistentes com um regime representativo.

Para ilustrar as questões que é preciso debater refiro apenas quatro exemplos: a eleição ou não dos membros do executivo, a definição de círculos eleitorais, o papel da democracia direta e a profissionalização dos cargos políticos.

Pessoalmente, tendo em conta os perigos da democracia direta, defendo a responsabilização individual de políticos, predominantemente não profissionais e imbuídos de espírito de serviço público.

Por isso, advogo que haja simultaneamente um aumento significativo do número de deputados e uma diminuição também significativa da sua remuneração.

Se considerarmos que existem em Portugal 9 milhões de eleitores e que um deputado poderá representar adequadamente entre 15 a 30 mil eleitores então o seu número devia situar-se entre 600 e 300. Provavelmente um número intermédio será mais adequado, mas deixamos isso para um estudo mais aprofundado.

O que podemos fazer desde já é contrastar estes valores com o número médio de 42 mil eleitores representados hoje por cada deputado. Se compararmos este número com o de outros países europeus de dimensão populacional semelhante constatamos que Portugal está no grupo de três países com menor número de deputados (República Checa, Bélgica e Portugal) e que esse número é bastante inferior à média dos países com maior número de deputados (Hungria, Suécia e Grécia).

Comparando o número de deputados com outros profissionais, também constatamos que há em Portugal 273 habitantes por médico, 384 habitantes para cada advogado, 1761 habitantes por dentista e 6211 habitantes por cada magistrado judicial.

De igual modo, confrontando com as empresas privadas, verificamos que o BCP tem 14 400 acionistas por cada administrador não executivo e o BPI tem 1100 acionistas por cada administrador não executivo.

Quaisquer que sejam os referenciais que usemos para fazer comparações não restam dúvidas de que existe um défice e não um excesso de deputados em Portugal.

Por isso, para contradizer uma petição *online*[1] para reduzir o número de deputados promovi (sem sucesso) uma petição[2] alternativa para aumentar o seu número.

Porém, desde já alerto para o facto de que não é possível definir o número desejável de deputados sem debater primeiro, de forma serena e esclarecida, o estatuto profissional e o modelo de representatividade que queremos que tenham para Portugal.

Serviço público ou profissionalização dos deputados?

O estatuto remuneratório dos deputados divide os portugueses em dois campos opostos. Uma maioria (populista?) entende que os deputados ganham de mais para as qualificações que têm e para aquilo que fazem. Uma minoria (tecnocrática?) defende que

---

[1] http://peticaopublica.com/PeticaoVer.aspx?pi=230180
[2] http://www.peticaopublica.com/?pi=P2010N3342

deviam ser mais bem pagos para atrair ao Parlamento pessoas mais capazes.

Ambas as posições poderão estar erradas se ignorarmos qual deve ser a função dos deputados, nomeadamente se é uma função executiva ou não executiva. Vejamos primeiro os factos.

Durante todo o período posterior ao 25 de Abril o vencimento dos deputados manteve-se fixo em 50% do vencimento do Presidente da República. Em 2008 a remuneração dos deputados era equivalente a cerca de 9 salários mínimos. Quando comparada com a dos quadros superiores das empresas e do Estado, a sua remuneração é relativamente modesta, sobretudo para os deputados que tenham uma formação equivalente. Em termos relativos tem vindo mesmo a piorar. Isto porque em 1984 o presidente ganhava 25,6 salários mínimos, mas em 2008 já só recebia 17,4 salários mínimos.

No entanto, as remunerações complementares e acessórias dos deputados já não podem ser consideradas modestas. Por exemplo, as suas pensões de reforma começam a ser recebidas antes de atingirem os 65 anos (no passado, um deputado eleito aos 18 anos podia mesmo começar a receber uma reforma com apenas 26 anos!). Hoje, apesar das correções feitas nos últimos anos, o seu valor ainda continua a ser escandalosamente generoso. De igual modo, os abonos e subvenções têm crescido de forma excessiva. Com valores modestos em 1984, representam hoje mais de 50% do vencimento base dos deputados.

Independentemente do juízo que possamos fazer sobre os valores atuais, é importante relembrar que a remuneração dos detentores de cargos políticos pode ser definida de acordo com dois critérios diametralmente opostos: usando o princípio do serviço público ou o princípio da profissionalização.

No passado prevalecia o primeiro e entendia-se que o serviço público era uma forma de voluntariado que devia receber apenas o reembolso das despesas efetuadas e uma remuneração simbólica. Atualmente, as funções não executivas (como as exercidas pelos deputados) passaram a ser exercidas a tempo inteiro e na maioria dos casos mesmo de forma exclusiva. Se esta tendência for considerada desejável, então as suas remunerações devem ser comparáveis às dos funcionários públicos e deverão ter em consideração as respetivas habilitações e grau de responsabilidade.

As duas modalidades de exercício do cargo são teoricamente aceitáveis se forem escolhidas de forma consistente e forem coerentes com o modelo de democracia representativa pretendido.

Porém, para escolher entre elas é necessário saber qual serve melhor o princípio da representatividade. E isso requer uma ponderação cuidada dos círculos eleitorais quanto à sua base geográfica e ao grau de proporcionalidade na representação dos eleitores bem como quanto à definição dos cargos políticos (no Estado e nos Organismos Autónomos) que devem ser preenchidos por representantes eleitos.

Por exemplo, deverão os membros do Governo ser obrigatoriamente deputados? A nossa constituição não o exige, e o resultado tem sido péssimo, a dois níveis — a qualidade dos governantes e a falta de representatividade do parlamento cujos membros ficam limitados apenas a uma função de controlo político.

Entre nós, o primeiro-ministro não é necessariamente um deputado eleito e tem total discricionariedade para recrutar os seus ministros e *boys* como quiser. Em tal sistema a qualidade dos governantes que preenchem os milhares de cargos políticos sem eleição varia ao sabor do despotismo, iluminado ou obtuso, do primeiro-ministro.

Para se ter uma ideia do resultado nefasto desta situação basta observar o elenco de secretários de Estado, muitas vezes recrutados entre jovens estagiários das juventudes partidárias ou entre os *lobbies* dos interesses setoriais.

Finalmente, o debate sobre as vantagens e inconvenientes da profissionalização dos cargos políticos não executivos não é dissociável do debate sobre o grau de independência que deve ser assegurada aos funcionários públicos. E, em particular, ao processo de seleção, promoção e atribuição de poderes aos seus dirigentes.

Para ilustrar a importância destas opções basta contrastar os modelos típicos de gestão dos municípios antes e depois do 25 de Abril. Antes, o modelo assentava num presidente a tempo parcial que ia à câmara municipal uma ou duas horas no final do dia para despachar com o chefe de secretaria. Hoje constatamos que qualquer pequeno município tem não só o presidente a tempo inteiro, mas também vários vereadores, assessores e presidentes de junta de freguesia que inevitavelmente acabam por sobrepor-se e desautorizar as chefias superiores e intermédias da função pública.

Finalmente, e igualmente relevante é o custo das instituições democráticas que deve ser moderado. Também por esta razão a minha preferência vai para uma remuneração baseada nos ideais de serviço público.

Em consonância, sugiro que o vencimento base dos deputados seja simbólico. Por exemplo, um valor na ordem de 30% do vencimento do presidente da República parece-me razoável. Esta remuneração permitiria aumentar o número de deputados para 300 e simultaneamente reduzir o orçamento total da AR (excluindo as subvenções aos partidos e campanhas eleitorais) em cerca de 5%.

Votar nos partidos ou nos deputados?

O fosso entre eleitores e políticos é hoje cada vez maior. Uma das causas está no facto de os partidos se assemelharem cada vez mais a sociedades secretas de interesses não declarados. Porém, a causa mais profunda está no facto de os eleitores não se reverem nos deputados eleitos.

Por exemplo, o leitor sabe o nome dos deputados que o representam? Eu não!

Quando uma vez visitei o portal da Assembleia da República para saber quem eram os deputados que me representavam tive uma prova evidente da falta de representatividade do sistema parlamentar em Portugal.

O meu círculo eleitoral — Castelo Branco — é o que elegeu o anterior primeiro-ministro. Apesar de esse distrito eleger apenas quatro deputados, constatei que nenhum dos membros então presentes na Assembleia da República em sua representação tinha sido eleito diretamente. Em apenas um ano, o número de deputados que passaram pela AR e ocuparam esses 4 lugares era já de 11. É por isso legítimo questionar a representatividade destes deputados.

Entre nós, a representatividade do Parlamento está limitada por duas causas fundamentais: a falta de transparência na escolha dos candidatos apresentados pelos partidos e a sua substituição frequente ao sabor dos interesses pessoais e partidários. Serão tais práticas aceitáveis à luz dos princípios básicos da representatividade eleitoral?

O princípio da representatividade não se esgota na maior ou menor proporcionalidade entre o número de votos e o número de mandatos, nem na proporcionalidade entre o número de deputados e o número de eleitores.

Hoje ouvimos frequentemente criticar o facto de o parlamento não ser representativo em relação a determinados grupos. Nomeadamente, grupos baseados no sexo, profissão, religião ou qualquer outro critério pessoal (por exemplo, riqueza, educação, idade ou raça) ou coletivo (por exemplo, tribo, classe social ou clube).

Na verdade, abusando da pretensa legitimidade da representatividade dos grupos, alguns *lobbies* mais ativos têm vindo de forma sub-reptícia a reforçar o número dos seus representantes. Por exemplo, em Portugal, usou-se o expediente da lei sobre a constituição das listas eleitorais para reforçar a presença de mulheres no parlamento.

No entanto, os interesses de grupos específicos, mesmo quando socialmente justificáveis, não se podem sobrepor aos indivíduos sob pena de violar as regras básicas da representatividade e igualdade num sistema de sufrágio individual e universal.

Será que não é o próprio princípio da democracia representativa que está em causa? De facto, cada vez é mais frequente o apelo a formas de democracia direta, em particular aos referendos e petições.

Tal acontece apesar de a história nos mostrar amplamente que a democracia direta é um perigo para a verdadeira democracia, uma vez que é facilmente manipulada por demagogos e acaba quase sempre em ditadura.

No entanto, hoje não podemos ignorar que o progresso nas tecnologias de informação já permitiria aos eleitores representarem-se a si próprios sem grande incómodo e sem necessidade de intermediários.

Na verdade, as únicas limitações legítimas à regra da representatividade individual só podem justificar-se por razões de eficácia. Por isso, é fácil perceber que um parlamento com apenas meia dúzia de deputados não pode ser considerado representativo. Mas, de igual modo, um parlamento com milhares de deputados não pode deliberar sobre nada e perde a sua representatividade. Como demonstração suficiente do segundo problema basta relembrar o caso das supostas democracias populares nos países comunistas.

De igual modo, a escolha de um ou vários candidatos, numa ou várias voltas, usando métodos mais ou menos proporcionais, não é justificação para delegar em grupos um direito que é necessariamente individual.

O princípio da intransmissibilidade deste direito individual aplica-se também aos partidos políticos, independentemente de os considerarmos como associações de eleitores que partilham os mesmos ideais ou apenas como grupos de interesses iguais a quaisquer outros.

Em conclusão, para assegurar a representatividade dos deputados eleitos, não basta que se facilite a apresentação de candidaturas independentes dos partidos ou sistemas de listas abertas.

O princípio fundamental que legitima os eleitos é o facto de serem inamovíveis e apenas poderem ser substituídos através de nova eleição e não por suplentes escolhidos por diretórios partidários.

Círculos eleitorais ou administrativos?

A procura de representatividade também pressupõe um debate ponderado sobre o sistema eleitoral. Dois aspetos controversos neste domínio dizem respeito à sua definição geográfica (com base em critérios administrativos, regionais ou populacionais) e aos sistemas de votação (por exemplo, sistemas proporcionais ou mistos e constituição de listas fechadas ou abertas).

Representatividade requer proximidade. Mas as exigências de proximidade variam com o objetivo da representação, que pode ser de causas locais ou universais. Por isso, a definição do número desejável de deputados não é separável da forma como se organizam os círculos e listas eleitorais.

Imagine-se, por exemplo, que é consensual que um deputado deve representar um mínimo de 15 mil eleitores mas não mais do que 30 mil. Se, como acontece em Portugal, as listas forem constituídas por vários candidatos, por exemplo um mínimo de cinco candidatos, então o círculo eleitoral devia ter um número de eleitores entre 75 e 150 mil. No entanto, em Inglaterra, onde se usa o sistema de representante único, cada círculo eleitoral teria um número de eleitores entre 15 e 30 mil. As consequências em termos de conversão da proporção de votos em proporção de mandatos seriam substancialmente diferentes apesar de nos dois países o voto ser um direito universal.

Em Portugal, um dos signatários da petição *online* em curso para reduzir o número de deputados diz: «Queremos Deputados profissionais e que representem as suas regiões.» Se o levássemos à letra, bastava ter três deputados, pois o país só tem três regiões — Continente, Açores e Madeira. Admitindo que estava a referir-se aos distritos elegeria apenas 18 deputados, mas se pensava nos municípios já teríamos 308, um número muito superior aos 180 que o subscritor da petição advoga. Se pensava nas juntas de freguesia teríamos 4240 deputados, um número claramente excessivo.

Em qualquer caso, escolher só um representante por cada unidade administrativa existente em Portugal nunca seria representativo. Por exemplo, se usarmos os municípios como base dos círculos eleitorais os 337 eleitores no concelho do Corvo, nos Açores, elegeriam um deputado enquanto os 513 931 eleitores de Lisboa elegeriam igualmente um único deputado.

A escolha de outras unidades geográficas alternativas, nomeadamente paróquias, comarcas ou NUTs III (utilizadas no âmbito da União Europeia) também não é uma solução para a definição do número desejável de deputados. Isto porque os graus de proporcionalidade inferiores a cem (com ou sem método de Hondt) têm de ser justificados por critérios transparentes como o grau de dispersão geográfica, as acessibilidades de transporte ou o número de câmaras legislativas previstas no sistema constitucional.

Concluindo, os círculos eleitorais devem ser definidos com base em critérios de representatividade e não administrativos. Porém, a sua definição deve ter em conta não só o número total de deputados, mas também o sistema de votação desejado.

Sistemas de voto com ponderação dos candidatos?

Representação é diferente de representatividade. A primeira pode existir em qualquer sistema político incluindo os não democráticos (como acontecia durante o Estado Novo com a câmara corporativa). Já a representatividade é indissociável da democracia enquanto sistema de governo dirigido por representantes eleitos livremente por sufrágio individual e universal.

A teoria do voto estuda a forma como os eleitores podem escolher os seus representantes para que estes sejam verdadeiramente representativos. Esta teoria estuda hoje diversos sistemas de votação, sumariados na Wikipedia[1], para escolher um ou vários candidatos.

Na legislação portuguesa optou-se pela escolha de vários candidatos numa única lista partidária fechada, eleitos através do método proporcional de Hondt.

Por isso, para avaliar o sistema de eleição dos deputados à Assembleia da República, precisamos de questionar separadamente o método da proporcionalidade e o sistema de listas.

Em relação à proporcionalidade temos de ponderar separadamente os sistemas de proporcionalidade plena, semiproporcionalidade e da votação em bloco antes de analisar cada uma das modalidades que podemos usar para cada um deles.

_____

[1] http://en.wikipedia.org/wiki/Voting_systems

Em Portugal optou-se pelo sistema de proporcionalidade plena mas, passados mais de 35 anos de Democracia, podemos questionar-nos sobre as vantagens de o substituirmos por um sistema semi-proporcional.

Uma das suas variantes, o chamado voto cumulativo num sistema de voto em duas voltas, permitiria eliminar significativamente a falta de representatividade dos atuais deputados e retirava aos partidos o incentivo para apresentarem listas de *Yes-men* do diretório partidário.

Por exemplo, no círculo de Castelo Branco referido anteriormente, os partidos podiam apresentar a sua lista de oito candidatos para os quatro lugares disponíveis mas os eleitores dispunham de dez votos para distribuir pelos candidatos do seu partido. Neste caso, seria irrelevante a ordem em que os candidatos apareciam na lista e os partidos já não teriam o monopólio sobre quem passaria à segunda volta.

Mais ainda, pode facilmente conceber-se um sistema em que na segunda volta os eleitores possam distribuir os seus votos por candidatos de diferentes partidos.

Este é apenas um exemplo dos múltiplos sistemas que podemos conceber para limitar, sem o eliminar, o papel dos diretórios partidários no processo eleitoral.

Sem prejuízo de outra legislação complementar necessária à reforma dos partidos políticos, e das leis sobre o seu financiamento, sublinho que a melhoria da qualidade dos políticos portugueses passa pela escolha simultânea de um número adequado de deputados e de um sistema eleitoral consistente com a criação de uma verdadeira democracia representativa.

Em conclusão, para utilizar uma imagem simplificadora, precisamos de substituir o sistema atual em que meia dúzia de eleitos (excluindo as autarquias) escolhe os detentores dos mais de 5 mil lugares políticos não-eleitos, referidos anteriormente, por outro em que cerca de 300 eleitos possam escolher e fiscalizar os detentores de apenas 2 mil lugares políticos no Estado e nas empresas públicas.

5.

ECONOMIA

NA ATUAL SITUAÇÃO DE CRISE ECONÓMICA é frequente discutir-se se a sua origem é de natureza conjuntural ou estrutural. Na verdade é de ambas. A economia foi submetida a dois choques conjunturais — a crise do Euro e o despesismo socialista. Mas a sua raiz é mais profunda e decorre da dinâmica do capitalismo de Estado em Portugal. Por isso, depois de iniciar este capítulo com alguns dados sobre o crescimento económico na última década, analiso a evolução da estrutura produtiva e da produtividade dos últimos 60 anos em Portugal. De seguida, analiso três das debilidades estruturais da economia portuguesa — estado social sem viabilidade financeira, setor público incongruente com empresas públicas que deviam ser privadas e vice-versa e a relutância em compensar a baixa produtividade com mais trabalho.

Crescimento económico em Portugal: Boas e más notícias

Portugal basicamente estagnou na última década, como se pode constatar no seguinte gráfico:

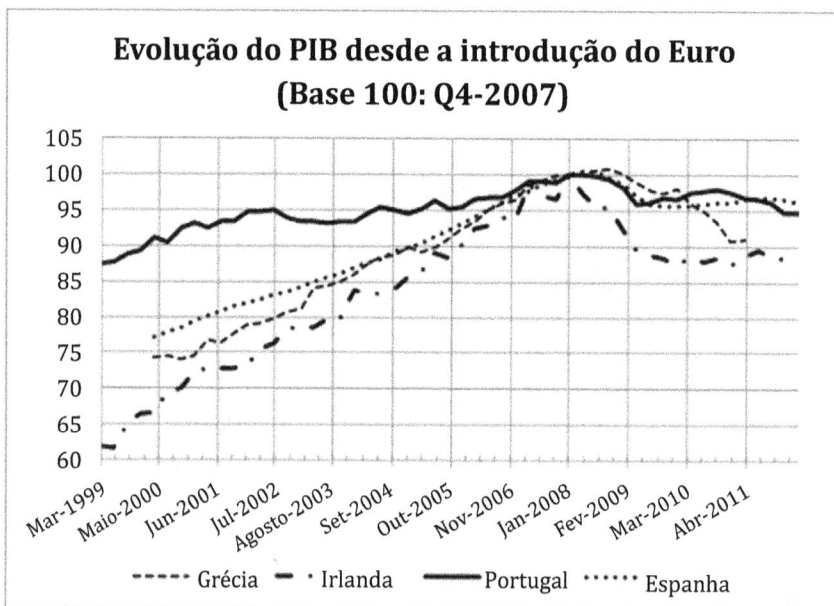

Em março de 2012 produzimos menos 5,2% do que produzíamos em 2007. Porém, a economia portuguesa tem sido das mais resilientes desde a crise internacional de 2008, com uma queda menos pronunciada em 2009-2011, como podemos verificar no gráfico seguinte:

Evolução do PIB desde o início da crise financeira (Base 100: Q4-2007)

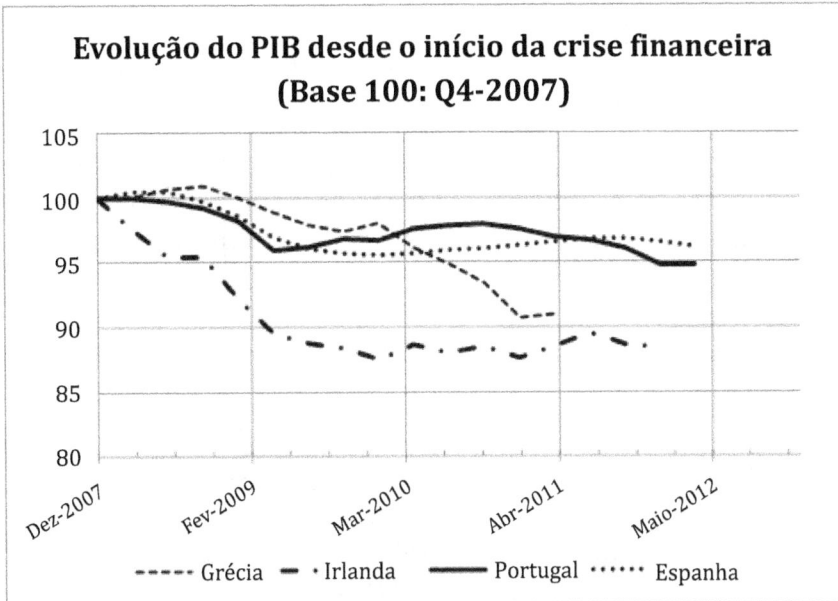

Porém, após a tímida recuperação inicial, o país mergulhou novamente em recessão a partir do último trimestre de 2010. Será que o programa de ajustamento acordado com a troika (FMI, UE, BCE) vai mergulhar o nosso País num abismo semelhante ao grego? Espero que não, mas esse risco é elevado, como resulta da apreciação que faço no capítulo sete.

Estrutura produtiva e produtividade em Portugal

Nos últimos 60 anos Portugal deixou de ser um país rural para se transformar num país de serviços. Porém, esta transformação não foi linear.

Pelo meio tivemos uma economia assente num fugaz processo de industrialização (baseado em setores de mão-de-obra intensiva, como os têxteis e o calçado) que teve o seu pico em 1970, como se constata na seguinte tabela:

Estrutura do PIB e emprego por setor de atividade	1953	1960	1970	1980	1988	1998	2010
Agricultura, silvicultura e pescas	28,7%	22,1%	12,7%	10,5%	7,7%	4,1%	2,2%
Emprego		*44,0%*	*33,0%*	*28,0%*	*20,0%*	*13,0%*	*10,9%*
Indústria, energia e construção	32,9%	35,9%	40,4%	39,7%	39,4%	29,6%	23,3%
Emprego		*29,0%*	*36,0%*	*36,0%*	*35,0%*	*35,1%*	*27,7%*
Indústria transformadora	25,1%	26,5%	29,0%	28,0%	28,1%	18,2%	12,7%
Ind. da alimentação, bebidas e tabaco	4,8%	4,3%	4,7%	4,3%	5,0%		
Ind. têxteis, do vestuário e do couro	8,2%	6,0%	5,3%	5,9%	7,1%		
Fab. prod. metálicos, máq. e mat. de transporte	2,2%	3,0%	6,1%	6,1%	5,1%		
Out. ind. transformadoras	9,9%	13,3%	12,9%	11,6%	11,0%		
Eletricidade, gás e água	1,3%	1,9%	2,0%	1,9%	4,3%		
Construção	5,8%	6,9%	8,9%	9,2%	6,4%	7,8%	6,7%
Serviço	40,5%	44,1%	50,0%	54,5%	58,9%	66,3%	74,5%
Emprego		*27,0%*	*31,0%*	*36,0%*	*45,0%*	*51,9%*	*61,4%*
Comércio, Hotelaria, Restauração e Transportes	15,5%	17,9%	20,4%	22,7%	22,4%	23,2%	24,2%
Banca e Seguros	2,1%	2,1%	3,1%	4,7%	6,0%	5,7%	6,5%
Serv. Prestados Coletividade (componente pública)	5,6%	6,1%	7,7%	11,2%	12,3%	18,9%	21,7%
Outros Serviços	17,3%	17,9%	18,9%	15,9%	18,2%	18,5%	22,0%

Fontes: Banco de Portugal e OCDE

Apesar de termos tido uma reorientação para setores com produtividade mais elevada, esta transformação na nossa estrutura económica não se traduziu num crescimento significativo da produtividade total.

Como podemos verificar na última linha da tabela seguinte, o crescimento anual médio da produtividade nunca ultrapassou os 4%, tendo mesmo estagnado nos 0,5% entre 2005 e 2010.

Contribuição dos diversos setores de atividade para o PIB em Portugal

Setores	1970	1975	1985	1995	1998	2005	2010
Agricultura, silvicultura e pescas	23,7%	20,8%	13,5%	5,6%	4,2%	2,8%	2,4%
Indústria e energia	18,5%	18,4%	22,0%	21,9%	21,9%	18,1%	17,0%
Indústria transformadora				18,5%	18,6%	15,1%	13,5%
Construção	5,6%	7,3%	4,9%	6,5%	7,3%	6,9%	6,0%
Comércio, hotelaria, restauração e transportes	25,8%	25,8%	30,1%	25,2%	25,4%	25,5%	25,5%
Banca, seguros, imobiliário e serviços às empresas	13,5%	13,4%	13,2%	19,6%	19,7%	21,4%	23,1%
Outros serviços	12,9%	14,4%	16,4%	21,2%	21,6%	25,4%	26,0%
Produtividade (Total da Economia)							
Índice do PIB *per capita* (Base: 1998=100)	42,7	50,7	61,8	92,2	100,0	108,2	111,0
Taxa de variação anual composta (%)		3,5%	2,0%	4,1%	2,8%	1,1%	0,5%

Fonte: OCDE e cálculos do autor

Embora tenham ocorrido movimentos migratórios significativos, a população ativa total aumentou cerca de 50% nos últimos 60 anos, sobretudo devido ao aumento da taxa de participação das mulheres no mercado de trabalho.

No entanto, como se constata na tabela que se segue, os novos empregos criados para absorver os novos trabalhadores e a população libertada pelo setor agrícola foram-no sobretudo em atividades de serviços com baixa produtividade.

De notar ainda que, na última década, cerca de 10% da população ativa esteve desaproveitada em situação de desemprego involuntário.

Evolução do Emprego e Desemprego em Portugal

Indicadores	1956	1965	1975	1985	1998	2005	2010
Mão-de-obra total (milhares)	3329	3488	4030	4514	5096	5545	5581
Em % da população	38,4%	38,8%	44,3%	45,0%	50,3%	52,6%	52,5%
Mão-de-obra civil (milhares)	3269	3339	3902	4441	5058,8	5516,3	5555,3
No setor primário (%)	45,2%	37,5%	33,9%	23,9%	13,6%	11,9%	10,9%
No setor secundário (%)		30,4%	33,8%	33,9%	35,4%	30,8%	27,8%
No setor terciário (%)		32,1%	32,3%	42,2%	51,1%	57,3%	61,2%
Trabalhadores por conta própria (%)			34,2%		28,1%	25,1%	22,9%
Taxa de desemprego (% da mão-de-obra civil)	2,0%	2,6%	4,6%	8,7%	5,0%	7,7%	10,8%

Fonte: OCDE e cálculos do autor

Estes três quadros dão-nos um retrato pouco lisonjeiro da evolução de Portugal nos últimos 60 anos. Mais, suscitam muitas questões sobre o nosso futuro, nomeadamente:

— Estará Portugal condenado a ter um crescimento baixo?
— Será possível aumentar a nossa produtividade sem alterar a nossa estrutura produtiva e vice-versa?
— Que quota-parte de responsabilidade cabe ao regime de capitalismo de Estado que tivemos durante as duas fases deste período (corporativa e socialista)?

Estas são algumas das verdadeiras questões económicas que é imperativo discutir em Portugal.

Os gastos sociais nos regimes de capitalismo de Estado

Para aqueles que ficaram chocados com o crescimento recente dos gastos sociais em Portugal apresento a seguir um gráfico comparativo dos gastos sociais em percentagem do PIB nos países da OCDE em 2007.

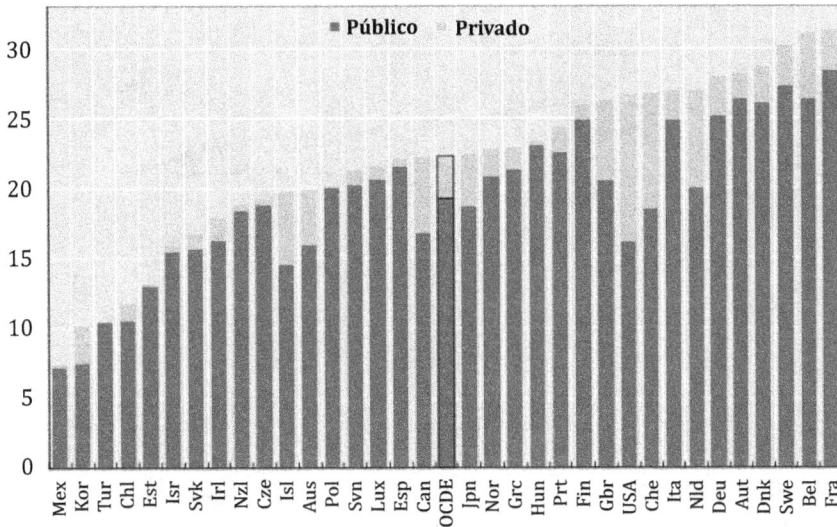

Como se pode verificar, Portugal (PRT) aparece claramente acima da média da OCDE. Aliás, com a exceção de Espanha (ESP), todos os restantes países com regimes de capitalismo de Estado no sul da Europa (Grécia, Portugal e Itália) estão acima da média. De igual modo, todos os países nórdicos de capitalismo de Estado (Suécia, Noruega, Finlândia e Dinamarca) também estão acima da média.

Quais as explicações? Estrutura demográfica desequilibrada, excesso de generosidade, igualitarismo, ou deficiência do regime de capitalismo de Estado?

Analisemos primeiro as possíveis causas demográficas através do seguinte gráfico com a evolução da população em idade ativa.

Evolução do grupo etário dos 15 aos 64 anos em % da população total

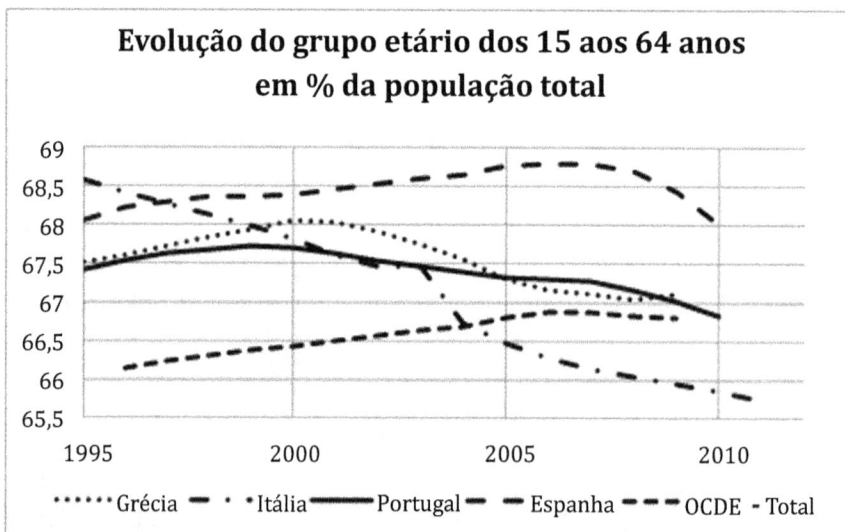

Embora a população em idade ativa em Portugal esteja a diminuir desde 2000, podemos verificar que ainda é superior à média da OCDE. Não é pois a demografia a principal causa do peso elevado das despesas sociais.

De igual modo, tendo em conta o crescente aumento das desigualdades em Portugal, podemos desde já excluir o igualitarismo como causador dos gastos sociais.

No entanto, se nos compararmos com países de rendimento ligeiramente superior ao nosso, como a Espanha, temos de concluir que a generosidade do sistema tem uma quota-parte de responsabilidade.

Finalmente, podemos constatar que nos países escandinavos de capitalismo de Estado a percentagem dos gastos sociais privados é superior ao dos países equivalentes do sul da Europa. Em particular, Portugal tem um setor social privado dos mais reduzidos entre os países de capitalismo de Estado.

Por isso, o nosso problema é duplo — temos um regime de capitalismo de Estado que é um dos mais ineficientes a produzir riqueza, da qual o sistema de segurança social absorve uma parte excessiva e mal repartida.

A Segurança Social em Portugal e os esquemas de Ponzi

É frequente na comunicação social a indignação contra a acumulação de pensões, algumas delas milionárias, que estariam na base da previsível falência do sistema de segurança social. Porém, ignora-se que a acumulação e o valor das pensões são duas questões fundamentalmente diferentes, embora ambas possam estar na origem das chamadas pensões milionárias.

Uma pensão é um rendimento vitalício (fixo ou variável) pago ao pensionista ou seus sobreviventes, que é recebido a partir de uma determinada idade ou após falecimento. Esse rendimento é assegurado por uma entidade pagadora, por exemplo, um fundo de pensões, uma companhia de seguros, a Segurança Social ou a Caixa Geral de Aposentações, com base nas contribuições feitas pelos pensionistas e seus empregadores ao longo da sua vida de trabalho.

A entidade pagadora pode garantir um benefício pré-definido ou pagar uma pensão equivalente ao valor acumulado do investimento das contribuições pré-definidas pagas pelo contribuinte, ou ainda combinar estes dois sistemas. Teoricamente os dois sistemas podem pagar o mesmo valor desde que as contribuições pré-definidas sejam variáveis de forma a gerar um benefício pré-definido idêntico.

Porém, em teoria, os riscos nos dois sistemas são repartidos de forma diferente — no sistema de benefícios pré-definidos os riscos são assumidos pela entidade pagadora enquanto no sistema de contribuições pré-definidas os riscos são assumidos pelo contribuinte. Na prática os riscos não são tão diferentes como aparentam, porque as entidades que optaram pelo primeiro sistema têm vindo a renegar os benefícios anteriormente prometidos (por exemplo alguns sistemas que prometiam uma pensão equivalente a 80% da remuneração média nos últimos 5 anos reduziram essa percentagem ou aumentaram o número de anos).

As entidades pagadoras podem ainda optar por pagar aos atuais reformados com os descontos dos trabalhadores ainda no ativo (o chamado sistema de *pay-as-you-go*), ou utilizar um sistema de financiamento baseado na acumulação prévia do capital necessário para comprar a renda vitalícia prometida ao pensionista (o chamado sistema de *fully-funded*). No primeiro, o equilíbrio financeiro depende do rácio entre trabalhadores ativos e pensionistas, enquanto no segundo depende da rentabilidade acumulada das aplicações feitas com as contribuições pagas pelos beneficiários.

O sistema *pay-as-you-go*, usado em Portugal e na maioria dos países, tem sido frequentemente comparado com um esquema de Ponzi, em que os primeiros reformados se atribuem benefícios excessivos à custa dos novos contribuintes de tal modo que quando o peso dos novos contribuintes começa a decrescer estes serão confrontados com a falência do sistema e, ou, benefícios inferiores aos dos seus antecessores.

Por exemplo, a Caixa Geral de Aposentações, que gere o sistema de pensões dos funcionários públicos, tem neste momento 586 mil contribuintes e 577 mil beneficiários. Isto é um rácio de quase 1:1. Como os trabalhadores ativos contribuem com apenas 10% do seu vencimento, na ausência de capital acumulado, se as remunerações dos funcionários no ativo e dos reformados forem semelhantes, então a entidade empregadora (Estado) terá de pagar os restantes 90% devidos aos pensionistas, criando um ónus insustentável nas contas públicas.

Porque se chegou a esta situação? Porque o Estado agiu como o senhor Ponzi, prometendo o que não podia cumprir e pagando montantes indevidos a determinados beneficiários em detrimento dos restantes. E, não contente com isso, tem vindo a adquirir fundos de pensões de entidades privadas como a PT e os bancos com problemas semelhantes.

Uma outra crítica ao sistema de *pay-as-you-go* é que este facilita o desenvolvimento de situações de privilégio, normalmente designadas por «pensões milionárias», através da acumulação de regimes diferenciados e da atribuição de reformas sem qualquer relação com as contribuições efetuadas, criando enormes injustiças que ilustramos através de dois exemplos no capítulo oito.

Nacionalizar bem e depressa

O socialismo, supostamente liberal, de Guterres e Sócrates deixou o país na situação paradoxal de precisar simultaneamente de vigorosos programas de privatização e de (re)nacionalização.

As nacionalizações necessárias resultam fundamentalmente das seguintes práticas socialistas:

1) desorçamentação e fuga aos mecanismos de controlo orçamental;
2) privatização de monopólios naturais;
3) encobrimento do endividamento público e ocultação das despesas públicas; e
4) subsidiação direta e indireta de negócios privados que são ruinosos para o Estado.

Esta lista de práticas permite-me enumerar rapidamente as empresas que devem ser renacionalizadas.

No primeiro caso, posso listar todas as sociedades criadas com o objetivo de contornar as regras de contratação pública, nomeadamente as sociedades Polis, a Parque Escolar e os Hospitais EP.

Esta política de agilizar o Estado era aparentemente razoável, mas na verdade contraproducente porque se substituía à mais do que necessária reforma do Estado. Em particular impediu a criação de regimes transparentes de contratação pública diferenciados para situações específicas devidamente identificadas.

No segundo caso podemos destacar a distribuição de energia das redes de baixa e alta tensão. Embora a privatização de monopólios naturais possa ser justificável quando a sua regulamentação é fácil (por exemplo, no caso das redes de alta tensão — REN), o mesmo já não se verifica nas redes de distribuição ao consumidor final onde os problemas de subsidiação cruzada são particularmente relevantes e difíceis de regular.

Por isso a EDP Distribuição devia ser separada da EDP e renacionalizada através da criação de empresas regionais. Estas são facilmente geridas no setor público, criando simultaneamente condições para uma verdadeira concorrência ao nível da produção de energia elétrica.

A prática de ocultar dívidas e despesas estendeu-se a diversos setores, nomeadamente obras públicas, saúde, segurança social e autarquias. Mas onde atingiu maiores proporções foi nas operações de venda/arrendamento (*leaseback*), na contabilização como receitas da aquisição dos fundos de pensão de diversas entidades (com destaque para a PT) e muito em especial as famigeradas parcerias público-privadas.

Nestas últimas não só se atingiram valores exorbitantes e se empregaram todas as práticas atrás referidas como se chegou ao cúmulo de contabilizá-las como receita em vez de despesa ou investimento. É por isso uma das áreas prioritárias para renacionalização.

No caso das PPP não basta renegociá-las para corrigir a remuneração absurda prevista nalguns casos. Na verdade, a continuação da exploração privada das mesmas em condições de monopólio não é a solução mais económica para o Estado. A solução mais adequada passa pela renacionalização, uma vez que tal poderá também facilitar o reequílibro do setor bancário.

Alguns dos casos mais gritantes da prática de subsidiação encontram-se nos setores da água, ambiente e energia. Por exemplo, a criação de um monopólio nacional (Águas de Portugal) não favorece a eficiência no abastecimento de água e saneamento nas diferentes regiões mas abre as portas à sua privatização num regime de difícil regulamentação.

Finalmente, o caso mais clamoroso está nos subsídios pagos aos produtores de eletricidade, que são pagos diretamente pelos consumidores e nem sequer são contabilizados como despesa pública. No caso das energias renováveis, esses «impostos e subsídios» escondidos como taxas de ligação à rede chegam a onerar a fatura do consumidor em mais de 30%.

Porém, enquanto a renacionalização de muitas das entidades criadas pode e deve ser feita de forma expedita através de simples atos administrativos, no caso dos monopólios naturais e das PPP as soluções são mais complexas.

Por isso, nestes casos, não são de excluir soluções alternativas mais expeditas, nomeadamente um sistema baseado numa taxa reguladora do nivelamento da concorrência internacional nos setores básicos da energia, transportes e comunicações.

Infelizmente, no domínio energético (como noutros) o programa de ajustamento negociado com a troika ficou-se por uma simples manifestação de intenções: «Assegurar que a redução da dependência energética e a promoção das energias renováveis seja feita de modo a limitar os sobrecustos associados à produção de eletricidade no regime ordinário e especial (cogeração e renováveis).»

Portugal precisa, pode, e deve fazer mais e melhor. Infelizmente, as medidas que têm sido relutantemente adotadas por este governo pecam pela sua timidez e falta de lógica.

Privatizar depressa e bem

O programa de ajustamento acordado com a troika prevê um programa de privatizações modesto que permitirá encaixar 5,5 mil milhões de euros durante a vigência do programa. Lembramos que só a nacionalização precipitada do BPN custará ao Estado um montante equivalente. Ainda por cima, as privatizações serão feitas, uma a uma, segundo o modelo convencional.

Entretanto, segundo o *Jornal de Negócios*, a OCDE terá recentemente estimado o valor dos ativos estatais privatizáveis em cerca de 30 mil milhões. Não sabemos se está aqui incluída a CGD que por si só valerá entre 7 a 10 mil milhões.

Poderá pensar-se que privatizar ao longo de três anos apenas um sexto dos ativos privatizáveis é realista, uma vez que neste momento o mercado não é favorável e teremos de vender a um preço baixo.

Porém, se pensarmos melhor, vemos imediatamente que esse argumento é falacioso por duas razões. Primeiro, é possível vender rápido e bem se utilizarmos técnicas de privatização adequadas. Segundo, se olharmos ao volume internacional de fusões e aquisições e de IPOs, dificilmente podemos considerar o momento atual como um dos piores.

Nos Países de Leste foram experimentadas técnicas de privatização em massa com taxas de sucesso variável das quais podemos retirar alguns ensinamentos. No entanto, no nosso caso existe uma solução ainda mais simples e eficaz.

Por exemplo, basta transferir todas as participações do Estado (incluindo a Parpública) para um ou vários fundos de investimento (*private equity*) que serão vendidos por concurso internacional a investidores nacionais e estrangeiros.

O Estado podia reter uma percentagem de participação nesse(s) fundo(s) sob a forma de ações preferenciais convertíveis e remuneradas através de uma fórmula de *clawback* (devolução parcial das mais-valias excecionais). Este modelo permite um encaixe imediato e transfere o momento e forma de venda dos ativos em carteira para gestores profissionais independentes do poder político.

Como não optamos por uma estratégia deste tipo, o encaixe líquido será modesto e corremos o risco de acabar no triste espetáculo que é hoje a Grécia.

Cortes salariais ou mais trabalho?

A forma mais eficaz de compensar uma produtividade baixa é trabalhar mais e não reduzir os salários nominais. Por isso é indispensável pensar duas vezes antes de embarcar na heterodoxia alemã de que precisamos de reduzir os salários nominais na Europa do Sul.

O argumento dos alemães parece razoável quando analisamos a evolução dos custos unitários do trabalho desde a criação do Euro em 1999 apresentados no gráfico seguinte. Como se pode constatar, após a introdução do Euro, os custos unitários apenas estagnaram na Alemanha

**Evolução dos custos unitários do trabalho
Total da Economia (Base: 2005=100)**

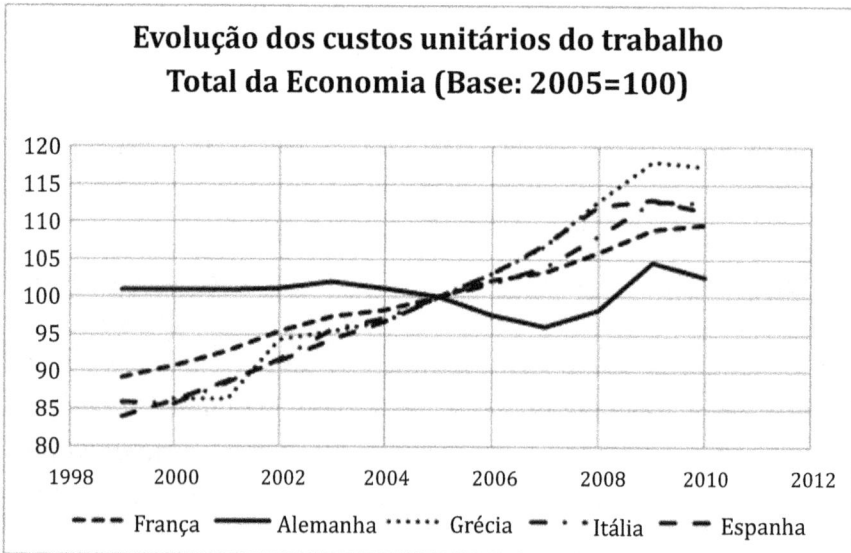

- - - França ━━━ Alemanha ┄┄┄ Grécia ━ · ━ Itália ━ ━ Espanha

Porém, se analisarmos a evolução dos salários por hora no setor concorrencial da economia constatamos que o diferencial entre a Alemanha e os outros países é mais pequeno como se pode observar no segundo gráfico.

**Evolução do salário-hora — Setor Privado
(Base: 2005=100)**

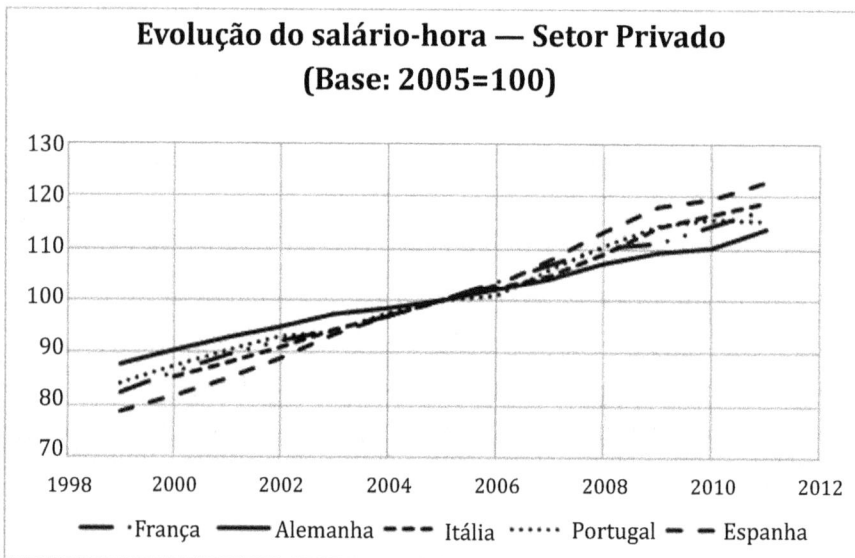

━━━ ·França ━━━ Alemanha - - - Itália ┄┄┄ Portugal ━ ━ Espanha

Estes números mostram que o problema da Europa do Sul é essencialmente um problema de baixa produtividade, que não desaparece com cortes nos salários nominais.

Por isso defendo que a forma mais razoável de fazer uma desvalorização competitiva na nossa economia seja através de um aumento temporário dos horários de trabalho. De outro modo, a redução dos custos unitários só poderá ser alcançada através do aumento do desemprego e da pauperização dos trabalhadores no setor exportador.

6.

DESPESISMO

A CRISE DA DÍVIDA SOBERANA em que o país está mergulhado resultou do despesismo descontrolado dos últimos anos e não de crescimento excessivo ou qualquer choque externo. A crise podia demorar mais um ou dois anos a revelar-se se estivéssemos fora do Euro, mas seria sempre inevitável. O despesismo foi estimulado pelo «novo-riquismo» gerado pela adesão a um clube de ricos (a Zona Euro), mas é da inteira responsabilidade dos governantes portugueses. Neste capítulo começo por ilustrar como os governantes optaram por modalidades de financiamento destinadas a ocultar a despesa pública. Depois, usando o exemplo do TGV, mostro como os governos, em vez de investimentos de proximidade, escolhem investimentos faraónicos de rentabilidade duvidosa promovidos por promotores e fornecedores estrangeiros sem escrúpulos. Uma segunda forma de despesismo analisada é a subsidiação de tecnologias emergentes nas energias renováveis para benefício dos oligopólios recentemente privatizados no setor da eletricidade. Finalmente analiso porque é que o despesismo socialista inevitavelmente levou a uma intervenção do FMI e explico onde é que os inevitáveis cortes na despesa deveriam ser feitos.

Não escondam a realidade aos portugueses

Ainda que de forma tímida, este Governo deu em 2011 um primeiro passo para demonstrar aos portugueses que se preocupa com o sentimento de justiça. Finalmente, foi anunciado um imposto extraordinário em sede de IRS e IRC para as pessoas e empresas com maiores rendimentos. Faço votos de que não se fique por aqui.

No entanto, em julho de 2011, ao ouvir a interpelação ao ministro das Finanças na Assembleia da República, fiquei perplexo por verificar que o Prof. Vítor Gaspar está a aprender rapidamente a técnica parlamentar de responder sem nada dizer. É pena que o ministro das Finanças siga esse caminho, pois o povo não conseguirá distingui-lo dos restantes políticos. Para acreditar que há realmente mudança o povo português precisa de transparência inequívoca na forma e no conteúdo.

Tomemos um exemplo simples. O seu Documento de Estratégia Orçamental para 2011-2015 faz lembrar os trabalhos dos meus alunos cábulas que, para disfarçarem o pouco que estudaram, enchem os respetivos relatórios de «palha» irrelevante. O documento tem 65 páginas, das quais apenas 23 tratam das medidas de consolidação orçamental. Note-se que a troika já elencou a maior parte dessas medidas nas 17 páginas (na versão em inglês) dos pontos 1 e 3 do seu Memorando. Pergunta-se: para que servem as 6 páginas adicionais?

Eis o que eu aconselharia aos meus alunos que tivessem de reformular esse documento:

a) Sintetizem o enquadramento macroeconómico numa página, remetendo o resto para anexo;

b) Idem para a história recente das finanças públicas;

c) Expliquem em duas ou três páginas porque precisa o país de tomar medidas adicionais às negociadas com a troika;

d) Enumerem as medidas acordadas com a troika, descrevendo como vão ser aplicadas e, paralelamente, expliquem as medidas adicionais;

e) No final apresentem uma estimativa do impacto estrutural, social e macroeconómico da consolidação orçamental.

Tratando-se de um documento de estratégia, é óbvio que não necessita de enumerar os serviços em que vão ter de cortar nisto ou naquilo. Porém, esperar-se-ia que tivesse uma quantificação dos cortes por ministério e/ou natureza/função das despesas.

Num contexto de abrandamento da economia mundial é trágico que o nosso país, devido ao seu endividamento, tenha de prosseguir políticas pró-cíclicas que agravarão ainda mais a recessão económica em que já se encontra. É mesmo provável que, em 2012, o PIB diminua em cerca de 4%, com o consequente aumento do desemprego para valores próximos dos 15%.

Este cenário não deve ser escondido dos portugueses e muito menos servir para criar a ilusão de que cumprimos os anunciados cortes da despesa. Os portugueses precisam de saber a verdade e de acreditar que o sacrifício que têm de fazer servirá para corrigir os nossos desequilíbrios estruturais e relançar a economia em bases sólidas e mais justas.

Os governos e a contabilidade criativa

No final de 2011 o primeiro-ministro deixou o país perplexo com a notícia de que tinha 2 mil milhões de euros para injetar na economia. Onde foi buscar o dinheiro? Aparentemente a receita extraordinária com os fundos de pensões dos bancos teria criado essa folga orçamental.

Infelizmente as ditas receitas extraordinárias não são verdadeiras receitas, mesmo que o Eurostat as aceite como tal.

Já o famigerado José Sócrates tinha tido tão brilhante ideia, ao contabilizar os adiantamentos das PPP como receita, e o resultado está à vista.

Para perceber porque não pode a compra de um fundo de pensões ser considerada como uma receita imagine-se o exemplo de uma seguradora que queira vender um fundo de pensões. Se o valor atual das obrigações futuras do fundo for 100 e o fundo detiver valores realizáveis no valor de 100 a seguradora poderia vender o fundo por um valor correspondente apenas ao *Goodwill* estimado da carteira de clientes, por exemplo, 10%. Porém, se os valores detidos pelo fundo fossem apenas 50% das obrigações, a seguradora pagaria ao comprador 40. Isto é, o equivalente à recapitalização do fundo menos o valor do *Goodwill*.

Repare-se agora na situação do eventual comprador, por exemplo, uma outra seguradora que consolidasse o fundo de pensões nas suas contas.

Esta tem várias maneiras de fazer o investimento. Por exemplo, pode pagar 50 em dinheiro e pedir emprestados 60 para recapitalizar o fundo e pagar o *Goodwill* ao vendedor. Neste caso, o seu ativo passava a valer 110 (fundo + *Goodwill*) enquanto o passivo aumentava para 60 e os capitais próprios continuariam a ser 50. Isto é, não haveria lugar ao reconhecimento de gastos ou receitas.

No entanto, se optasse por receber os 40 da subcapitalização do fundo pagos pelo vendedor, o seu ativo passaria a ser 150 (= 50 dinheiro + 40 pagos pelo vendedor + 10 *Goodwill* + 50 valor do fundo) enquanto o passivo e capitais próprios passariam a ser 150 (= 100 das obrigações do fundo + 50 de capitais próprios).

Neste caso também não haveria lugar ao reconhecimento de perdas ou receitas.

Em ambos os casos o comprador estaria a fazer um investimento, embora financiado de maneira diferente. No entanto, na segunda modalidade o investimento seria mais alavancado e arriscado.

Se o investimento será lucrativo ou desastroso só se pode saber no futuro, dependendo da rentabilidade dos valores adquiridos e do montante das pensões a pagar anualmente. Por exemplo, se no primeiro ano o fundo tivesse de pagar 5% e ganhasse apenas 3% então teria de reconhecer um prejuízo de 2%.

No caso dos fundos de pensões dos bancários adquiridos pelo Estado português optou-se pela segunda modalidade. Eis os valores disponíveis de acordo com a comunicação social: o valor dos fundos de pensões dos bancários está avaliado em 14 mil milhões de euros. Em 2011, os vendedores (fundos dos bancários) transferiram para o comprador (Estado) 6 mil milhões de euros em valores mobiliários. Entretanto, o Estado passará a contribuir anualmente com 0,5 mil milhões de euros para a Segurança Social, para esta pagar as pensões dos bancários.

Será possível saber desde já se o Estado fez um bom ou mau negócio? Sem mais informação sobre as condições do negócio e a qualidade e valor dos ativos comprados pelo Estado, não é possível saber.

Porém, é fácil concluir que este empréstimo forçado obtido junto dos trabalhadores e pensionistas bancários, em vez do financiamento da troika, será mais dispendioso, a não ser que o Estado não pense pagar a totalidade da dívida contraída.

Em resumo, o uso de contabilidade criativa por parte do Governo para contabilizar um empréstimo como uma receita não é um bom prenúncio para quem diz querer resolver o problema da dívida pública.

Esperteza saloia: em vez de um TGV vamos ter dois AVE

Os comboios de alta velocidade (TGV na designação francesa e AVE na designação espanhola) voltam a estar no centro do debate político. O ministro da Economia acaba de anunciar que em vez de um comboio de alta velocidade (TGV) vamos ter dois comboios de alta prestação (AVE), combinando o transporte de passageiros e de mercadorias numa mesma linha de bitola europeia, e ligando o porto de Aveiro a Salamanca e o de Sines a Madrid.

O PSD, partido que se opunha ao TGV por razões financeiras, assim que chega ao poder já não quer fazer uma, mas sim duas linhas. Depois esperam que os mercados acreditem em nós, digam que não somos a Grécia.

Esta ideia peregrina demonstra que o ministro não percebe de portos nem de transporte de mercadorias e, porventura devido à sua longa estadia no oeste do Canadá, desconhece o mapa da Península Ibérica e a dimensão de Portugal. Por favor, alguém mostre ao ministro um mapa dos portos na Península Ibérica. Por exemplo, este com os portos espanhóis.

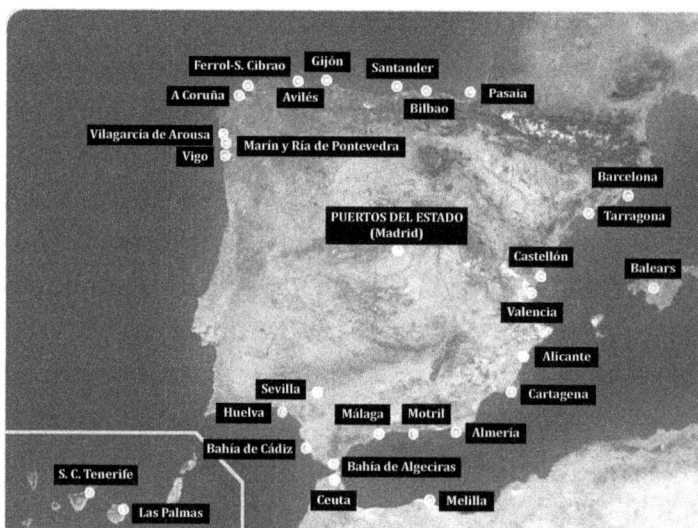

Mesmo sem se saber que a Espanha é o sétimo país mais competitivo da Europa e o 13.º do mundo em tráfego marítimo e que
dois dos seus portos (Barcelona e Las Palmas) estão entre os 20
mais centrais das rotas de navegação mundiais, basta observar o
mapa para constatar que apenas três cidades espanholas de pequena dimensão estão geograficamente mais perto dos portos
portugueses (Salamanca com 155 mil habitantes, Cáceres com 95
mil e Badajoz com 150 mil).

Por isso, querer transportar mercadorias para o resto de
Espanha e para França por via ferroviária é uma ideia utópica, e
pensar em utilizar os portos portugueses para transbordo de
carga destinada ao resto de Espanha ou da Europa não lembraria
ao maior dos lunáticos.

Se quiserem uma demonstração simples basta vir a Aveiro e
tentar ver o movimento do recentemente construído ramal ferroviário de ligação ao Porto de Aveiro. Eu vivo cá e devo confes-
sar que nunca lá vi passar um comboio.

Também o famoso porto de águas profundas em Sines, onde
se desbarataram inutilmente muitos milhões de euros, afinal é
um mito. Qualquer veraneante que lá passe férias pode constatar que os poucos navios de grande tonelagem que lá fazem escala
têm de aguardar muitas horas ou mesmo dias fora do porto à
espera de serem rebocados para atracagem.

Em suma, o tráfego dos portos portugueses será sobretudo
determinado pela capacidade de transportar as mercadorias
importadas e exportadas por Portugal. Isto é, a sua competitividade tem de ser construída à custa dos transportes rodoviários
(TIR) de longo curso e não do transporte ferroviário que jamais
será competitivo.

Para perceber porque é a emenda pior do que o soneto,
podemos usar a seguinte analogia. Antes, com um subsídio de
210 mil euros (70%), queriam convencer-nos a comprar um

Ferrari de 300 mil euros, de que não precisávamos e que nos obrigava a investir 90 mil euros que não tínhamos, deixando-nos com um custo de manutenção anual de 30 mil euros, dez vezes superior aos 3 mil que podíamos pagar.

Agora vêm propor-nos um subsídio de 240 mil euros para comprarmos dois Porsche por 400 mil euros, de que também não precisamos, obrigando-nos a investir 160 mil euros que não temos, e criando-nos um encargo anual de 37 mil euros acima do que podemos pagar.

Em suma, na primeira proposta, para «aproveitar» os 210 mil euros de subsídios comunitários, desbaratávamos 630 mil euros. Agora, com a nova proposta, para «aproveitar» os 240 mil euros de subsídio desbaratamos 900 mil euros. Grande negócio!

Será que o primeiro-ministro ou o ministro das Finanças não vão ter o bom senso de acabar com esta loucura? Espero que sim. Sobretudo quando há uma alternativa muito simples para nos desembaraçarmos do imbróglio do TGV, que proponho de seguida.

A lógica do Professor Marcelo sobre o TGV

Marcelo Rebelo de Sousa é um comentador televisivo inteligente, influente e popular. Possuindo uma capacidade de comunicação extraordinária e fontes de informação privilegiadas, utiliza a sua aptidão analítica, e razoável grau de independência, para nos brindar semanalmente com comentários de grande influência sobre a opinião pública.

Apesar de ser militante destacado do PSD e consultor jurídico de vários interesses económicos, o «enviesamento» dos seus comentários a favor dessas entidades tem sido geralmente explícito e moderado. Por isso, os telespetadores, após o devido desconto, dão-lhe maior credibilidade do que à maioria dos outros comentadores que são meros advogados ou porta-vozes de interesses não declarados.

No entanto, por vezes Marcelo Rebelo de Sousa exagera. Por exemplo, ao tentar defender o *volte-face* na posição do Governo sobre a construção do TGV utilizou um raciocínio de bradar aos céus, e que daria direito a chumbo em qualquer exame de lógica. Disse que, como havia uns subsídios da União Europeia que só podiam ser utilizados para o TGV, então teria de se avançar com o TGV para utilizar esses subsídios.

Imagine o leitor que eu lhe dava mil euros na condição de o leitor queimar 10 mil notas de euro. Aceitava? Claro que não! Ou, se preferir, imagine que lhe oferecia 10 mil euros na condição de o leitor comprar um carro de luxo (por exemplo, um Ferrari) por 100 mil euros, que não tem condições para pagar e manter. Aceitaria? Claro que não! Ora, é precisamente o que acontece com o TGV.

O país não precisa e não pode pagar a manutenção do TGV Lisboa-Madrid, mesmo que lhe seja oferecido totalmente de graça. Para o confirmar, não é preciso nomear comissões de sábios ou encomendar mais estudos a consultores. Basta olhar para o mapa da Península Ibérica e consultar as contas da RENFE e as notícias recentes sobre o encerramento de alguns dos seus serviços de alta velocidade por falta de passageiros[1].

No entanto, o problema tem uma solução muito simples e sem custos para Portugal.

Portugal pode ceder a sua quota-parte nos subsídios da União Europeia para a rede de alta velocidade à Espanha, na condição de esta construir e explorar por conta própria as linhas de alta velocidade entre Madrid e Lisboa, Sevilha e Lisboa e Corunha e Porto. Portugal poderia mesmo ceder gratuitamente os

---

[1] http://www.20minutos.es/noticia/1094575/0/ave/toledo/cuenca/

respetivos terrenos, desde que a RENFE garantisse que durante 40 anos fazia pelo menos quatro viagens diárias entre aquelas cidades.

Porém, Portugal jamais deverá aceitar suportar os inevitáveis défices de exploração do TGV.

Portugal não pode ignorar que o nosso vizinho, com o pretexto de preservar o centralismo de Madrid e a unidade de Espanha face às Autonomias, de forma insensata e financeiramente desastrosa, enveredou há 20 anos pela construção da segunda maior rede mundial de alta velocidade. É pois natural que deseje alargar essa rede a Portugal.

Por nós tudo bem, desde que sejam eles a pagar a sua exploração deficitária.

Investimentos de proximidade e racionalidade

Em maio de 2011, as televisões portuguesas deram mais uma vez grande destaque aos Peregrinos de Fátima e às polémicas em torno da adjudicação da construção do TGV entre Lisboa e Madrid. Esse destaque não pode ser explicado apenas pela novidade da visita do Papa e de um novo meio de transporte.

Várias dessas notícias revelaram aspetos chocantes que põem em causa a racionalidade dos homens e dos seus dirigentes políticos.

Por exemplo, a ciência tem tido dificuldade em explicar os chamados movimentos de massas, tanto o modo como se desencadeiam, como o seu desenvolvimento e duração. Como se consegue explicar o que faz caminhar milhares de pessoas por estradas feias e sem segurança onde só numa semana morreram atropeladas várias pessoas? Ou o que leva alguns desses caminheiros a coser as bolhas nos pés com agulha e linha de costura, não esterilizadas, dizendo que usam linha preta porque os antigos acreditavam que a linha preta curava mais depressa.

Hoje é inquestionável o crescente número de caminheiros de Fátima bem como a sua heterogeneidade em termos sociais, culturais e etários. As imagens mostram-nos cenas dramáticas que não podem ser explicadas apenas por obscurantismo e superstição pois revelam também uma contagiante alegria, energia e solidariedade que os caminhantes habitualmente não têm no dia a dia.

Todas as grandes ilusões, sejam relativas aos cosméticos ou à religião, podem contribuir para o bem-estar da humanidade desde que limitadas nos excessos e encaminhadas para o bem. Será mesmo tolerável que alguns se aproveitem para lucrar com essas ilusões coletivas?

Por exemplo, os lucros das multinacionais da indústria de cosméticos poderão ser justificados pelo grau de autoestima que proporcionam às suas clientes, mas já não serão aceitáveis se as mulheres, na procura de uma beleza imaginária, prejudicarem a sua saúde com tratamentos e dietas perigosas.

De igual modo, a opulência das hierarquias religiosas pode ser aceite como o preço a pagar pela preservação de uma fé capaz de «mover montanhas», desde que tais «montanhas» deem lugar a virtudes iluministas e repudiem a exclusão e o fanatismo.

Em síntese, o verdadeiro método científico não se pode limitar a estudar a racionalidade dos comportamentos. Deve estudar também a forma de encaminhar os comportamentos menos racionais para o bem da humanidade.

É isso que me leva a relacionar os caminheiros de Fátima e o TGV — duas realidades aparentemente contraditórias — mas na verdade relacionadas. Porquê?

Com mentiras e fantasias tentou encontrar-se uma racionalidade económica para o TGV. Por exemplo, como alguém alertou na televisão, o TGV prevê um tráfego de 9 milhões de passageiros quando o já existente no sul de Espanha atrai menos de 3 milhões. Foram também usados os argumentos da modernidade e das novas tecnologias quando é sabido que terão de ser importadas de França ou da Alemanha. Igualmente, relevou-se a sua importância para o turismo, quando se ignora o risco real de o TGV agravar uma balança turística, já desequilibrada, a favor de Espanha.

Ora, no domínio das infra-estruturas de apoio ao turismo, podemos interrogar-nos sobre se uma Rede Nacional de Caminhos Pedestres para Fátima, cujos custos de construção e manutenção seriam uma pequena fração dos do TGV, não traria mais benefícios para o turismo nacional. Ainda mais, num período de dificuldades financeiras, o seu financiamento podia ser totalmente nacional e repartido entre o Estado, as autarquias e os fiéis/paróquias (por exemplo, um terço cada).

Ao Estado caberia apenas o estímulo inicial e a atribuição de prémios às freguesias com os melhores e mais bonitos percursos pedestres, de forma a embelezar o país para proveito de todos e estímulo do turismo religioso e da natureza que hoje têm cada vez mais adeptos.

Aqui fica uma sugestão simples para um investimento de proximidade, rentável e com a vantagem acrescida de mobilizar a fé dos portugueses para um empreendimento que, não sendo tecnológico, não põe em causa o espírito científico e a racionalidade dos portugueses.

A loucura dos subsídios na Alemanha e em Portugal

O dinheiro gratuito é sempre, e em toda parte, uma maneira certa de desperdiçar o dinheiro da forma mais ridícula.

Muitas vezes esse desperdício é apenas patético, sem causar danos sérios à economia. Por exemplo, isso acontece quando Bruxelas paga para manter o seu pónei ou quando o leitor já não precisa de fingir que plantou um olival, bastando simplesmente mostrar que tem o título da terra e a mantém em bom estado, com ou sem azeitonas.

Os agricultores franceses costumavam ser os campeões quando se tratava de explorar a loucura dos subsídios da União Europeia, mas estão agora a ser superados pelos produtores alemães das chamadas energias renováveis (principalmente eólica e solar).

Há alguns anos, a Alemanha estabeleceu por lei uma tarifa *feed--in*, que forçava as empresas privadas a comprar energia elétrica renovável aos produtores privados a preços até sete vezes superior ao preço de mercado, obrigando os consumidores a pagar por isso. Outros países, como Portugal, adotaram medidas semelhantes.

Mais tarde, o governo alemão impôs uma moratória na construção de centrais de energia nuclear, um dos produtores de eletricidade mais baratos (ver tabela abaixo), e ordenou que as atuais centrais nucleares que produzem 25% da eletricidade consumida no país fossem desmanteladas até 2021. Anualmente essa loucura custa aos contribuintes alemães mais de 17 mil milhões de euros. Trata-se de um montante equivalente a mais de 10% do orçamento anual da União Europeia.

Período de recuperação energética dos vários tipos de central elétrica

Sistema	Período de recuperação (anos)	Sistema	Período de recuperação (anos)
Central a petróleo ou derivados	0,09	Hídrica	0,59
Central a gás (LNG)	0,09	Solar termal (tipo torre)	5,61
Central a carvão	0,15	Eólica	3,39
Central nuclear	0,11	Geotérmica	3,39
Energia Solar FV (central)	4,76	OTEC	4,58
Energia Solar FV (telhado)	2,59		

Nota: Período de Recuperação Energética = Input energy for equipment / (Annual generated power – Annual input energy for operation)
Fonte: IEA, junho de 2002; http://www.ieahydro.org/reports/ST3-020613b.pdf

Para perceber porque é uma loucura económica, considere o seguinte exemplo. Imagine que uma empresa tem duas centrais elétricas, uma alimentada pelo vento e a outra a petróleo. A primeira tem custos fixos de 40 cêntimos de dólar por kWh e zero de custos variáveis. A segunda tem 10 cêntimos de custos fixos e 5 cêntimos de custos variáveis. Se a empresa vender a sua eletricidade a 30 cêntimos, tem um prejuízo de 10 cêntimos na produção eólica compensados pela margem bruta de 15 cêntimos (100%) na outra central.

Num mercado livre, a empresa poderia construir mais uma central a petróleo e desativar a central eólica e ainda duplicar o seu lucro bruto por kWh, ao mesmo tempo que reduzia o preço pago pelo consumidor pela eletricidade em um terço para 20 cêntimos.

Mas tal nunca acontecerá enquanto o governo pagar aos produtores um subsídio ou lhes permitir cobrar uma tarifa mais alta (por exemplo, 45 cêntimos) para tornar a energia eólica rentável.

Por isso, o *mix* ótimo da empresa na utilização das duas tecnologias vai depender dos caprichos do vento, das oportunidades para falsear as origens da produção e da política do governo, e não da eficiência relativa das duas tecnologias.

Infelizmente a loucura desta política não é um exclusivo dos alemães ricos. Eles trataram de passar parte do problema financiando e exportando a sua tecnologia para os países do sul da Europa. Os portugueses foram os compradores mais entusiastas. Apesar de endividados responderam ao recente aumento dos preços da energia importada mudando para uma política energética semelhante à alemã, tendo mesmo ultrapassado os alemães. O consumidor português é hoje forçado a usar mais de 62% de eletricidade gerada por fontes renováveis.

A má notícia é que isso lhes custa três ou quatro vezes mais do que as fontes convencionais (ao seu preço atual mais alto). Será uma medida inteligente? Claro que não.

A bancarrota socialista e o FMI

Costumo dizer que, apesar de os governos socialistas invariavelmente aumentarem os impostos, o endividamento, a corrupção e as desigualdades, são necessários para assegurar a alternância democrática nos países capitalistas.

O seu papel consiste em limitar as tendências nepotistas dos partidos conservadores e desiludir os ingénuos dos partidos de esquerda que continuam a acreditar no coletivismo.

No entanto, acrescento que, para minimizar os estragos que provocam, não deviam estar mais do que uma legislatura no poder.

Porém, em Portugal, desta vez foi-se longe de mais. Não só os socialistas já estiveram no poder mais de 15 anos como tiveram alguns dos piores governantes imagináveis. Inevitavelmente os resultados foram desastrosos.

Eis alguns indicadores: Entre 1995 e 2010, enquanto o crescimento médio anual da economia foi de apenas 1,4%, o peso do Estado na economia aumentou 8,7%, a carga fiscal aumentou 8,1%, o endividamento do governo central aumentou 22,2%, as desigualdades aumentaram 5,5%, a taxa de desemprego subiu de 7,1 para 11,1%, Portugal desceu de 22.º para 32.º no *ranking* de Transparência Internacional com um aumento no índice de corrupção de 8% ao mesmo tempo que a criminalidade aumentou 47,4%.

Para encontrar um período de desgoverno semelhante, temos de recuar aos 18 anos que durou a Primeira República e que acabaram com a implantação da ditadura.

Felizmente, existem hoje organizações internacionais que poderão ajudar-nos a sair da bancarrota sem precisar de um novo Salazar (embora as suas políticas nos fossem hoje necessárias).

É por isso estranho que o governo de Sócrates, depois de andar a bater à porta de várias ditaduras (incluindo a de Khadafi), tenha insistido em recusar o apoio da União Europeia e do FMI;

embora introduzindo sucessivos planos de estabilização e crescimento (PEC) que procuravam imitar algumas medidas do FMI.

Tal como os gestores que levam as suas empresas à falência
tentam assegurar a sua sobrevivência pessoal adiando o mais
possível uma verdadeira reestruturação operacional e financeira,
em conluio com alguns dos seus credores, também o governo
escondeu a cabeça na areia até ser inevitável a entrada do FMI.

Nas empresas, sabe-se que a reestruturação quanto mais tar-
dia for menor é a probabilidade de evitar a falência. Nos países,
como não podem falir, quanto maior for a demora maior será o
sacrifício exigido aos cidadãos.

Já escrevi que o FMI não é uma condição suficiente, mas sim
necessária, para resolver os desequilíbrios externos do país. Tal
como nas empresas, a contratação de consultores e bancos de
investimento não garante a sua recuperação económica, mas é
indispensável para implementar as medidas necessárias. Por isso,
basta de discutir se o FMI devia vir ou não. Devia ter vindo em
2009-2010 e não em 2011 uma vez que cada mês adicional de
demora custou mais ao país. O que interessa discutir são as medidas adicionais à terapia tradicional do FMI.

Em tempos sugeri que, com ou sem ajuda do FMI, os seguintes «cancros nacionais» precisam de ser combatidos: as parcerias público-privadas, os oligopólios criados pelas privatizações,
os subsídios às energias alternativas, às empresas em geral e às
ditas novas tecnologias, o setor empresarial estatal excessivo e
sistematicamente subcapitalizado que alimenta um setor bancário pouco competitivo, o crescimento insustentável das despesas
com a saúde, a destruição administrativa do Estado, do Sistema
Fiscal e da Justiça e o recurso recorrente a práticas de desorçamentação e contabilidade criativa para esconder a verdadeira
situação financeira do país.

Se o FMI ajudar a combater esses cancros é bem-vindo.

Onde devem ser feitos os cortes na despesa pública?

Para evitar enveredar por discussões intermináveis sobre quem deve suportar os cortes na despesa pública, uma solução simples é cortar nas despesas que cresceram de forma mais descontrolada durante o descalabro socialista.

Por exemplo, se admitirmos que a despesa pública num país de rendimento médio como Portugal não deve crescer acima do crescimento nominal médio *per capita* da economia (4,51%), então podemos identificar facilmente nas duas colunas que acrescentámos à seguinte tabela da OCDE o nível de cortes a aplicar em cada setor.

Como se pode observar, em termos de PIB, os cortes totais devem ser na ordem dos 8%. No entanto, como não se justifica aumentar a despesa nos setores onde houve contenção (por exemplo, administração pública) um montante equivalente a 1,5% do PIB dessa contenção pode ser usado para reduções seletivas de impostos e/ou para atenuar os cortes nos encargos sociais.

Na verdade, em termos setoriais os cortes na proteção social devem ser os mais significativos, seguindo-se a saúde, a educação e as forças de segurança. No entanto, tendo em conta a debilidade social em Portugal, o corte nas pensões e prestações sociais deverá ser seletivo e porventura feito de modo gradual ao longo de vários anos.

Despesa pública total, em milhões de euros, a preços correntes

Período / Função	1995	2000	2005	2009	Estrutura da despesa em % 2009	Variação 1995 - 2009 Δ % anual	Cortes com base em 2009 milhões Euros	Cortes em % do PIB em 2009 %
Total	36 447,14	52 237,45	70 362,64	80 955,06	100,0%	5,87%	13 335,50	7,9%
Administração pública	7672,10	7435,10	10 209,46	11 662,89	14,4%	3,0%	-2570,99	-1,5%
Defesa	1456,21	1947,94	2079,55	2416,44	3,0%	3,7%	-285,23	-0,2%
Ordem pública e segurança	1387,82	2116,66	3021,03	3746,38	4,6%	7,4%	1171,59	0,7%
Economia	4030,42	5779,60	6455,35	6507,18	8,0%	3,5%	-970,37	-0,6%
Ambiente	449,21	832,31	939,89	1187,61	1,5%	7,2%	354,20	0,2%
Habitação e urbanismo	550,72	1253,59	918,86	1084,62	1,3%	5,0%	62,87	0,0%
Saúde	4775,65	7911,90	11 054,34	11 915,76	14,7%	6,7%	3055,60	1,8%
Recreio, cultura e religião	878,98	1529,81	1777,52	1931,50	2,4%	5,8%	300,75	0,2%
Educação	4954,02	8119,11	10 558,05	11 243,54	13,9%	6,0%	2052,46	1,2%
Proteção social	10 292,01	15 311,44	23 348,61	29 259,14	36,1%	7,7%	10 164,61	6,0%
Crescimento nominal anual do PIB per capita em paridade do poder de compra:						4,51%		

Fonte: OCDE e cálculos do autor

7.

AUSTERIDADE

N<small>A SITUAÇÃO VIVIDA EM</small> 2011, o programa de austeridade necessário para conter o despesismo dos últimos anos teria de ser negociado com o FMI e de ocorrer num contexto de abrandamento da economia mundial. No entanto, o FMI não tem experiência de tais programas no seio de zonas monetárias. Contudo, Portugal já passou por uma situação semelhante no contexto ainda mais grave da crise de 1929. Por isso, começo por relembrar o programa de ajustamento implementado por Salazar nessa época e por sugerir algumas alterações à terapia tradicional do FMI. De seguida apresento o programa assinado com a troika (FMI, UE, BCE) seguindo-se uma avaliação mais detalhada das suas três componentes — estabilização orçamental, recapitalização do setor financeiro e reformas estruturais.

Não precisamos de um novo Salazar, mas das suas lições

A maioria das pessoas desconhece que, 20 anos antes de existir o FMI, Salazar implementou em Portugal um dos programas de ajustamento externo mais bem-sucedidos na história mundial.

A bancarrota herdada da monarquia, e agravada durante a Primeira República, era semelhante, ou ainda mais grave, do que a bancarrota socialista com que nos deparamos hoje. Mais ainda, nessa época não existiam instituições de ajuda internacional.

Como resultou o programa de ajustamento de Salazar? Graças à sua filosofia básica de que nada se consegue sem sacrifício e de que as pessoas honestas honram sempre os seus compromissos por mais que custe.

Estas regras foram explicitadas de forma clara nestes objetivos que definiu no seu discurso de tomada de posse como ministro das Finanças, em 1928:

Esse método de trabalho reduziu-se aos quatro pontos seguintes:

a) *Que cada ministério se compromete a limitar e a organizar os seus serviços dentro da verba global que lhes seja atribuída pelo Ministério das Finanças;*

b) *Que as medidas tomadas pelos vários ministérios, com repercussão direta nas receitas ou despesas do Estado, serão previamente discutidas e ajustadas com o Ministério das Finanças;*

c) *Que o Ministério das Finanças pode opor o seu «veto» a todos os aumentos de despesa corrente ou ordinária, e às despesas de fomento para que se não realizem as operações de crédito indispensáveis;*

d) *Que o Ministério das Finanças se compromete a colaborar com os diferentes ministérios nas medidas relativas a reduções de despesas ou arrecadação de receitas para que se possam organizar, tanto quanto possível, segundo critérios uniformes.*

Estes princípios rígidos, que vão orientar o trabalho comum, mostram a vontade decidida de regularizar por uma vez a nossa vida financeira e com ela a vida económica nacional.

Para termos uma ideia do sucesso de Salazar, basta ter presente que em dez anos reduziu a dívida pública externa para menos de metade do valor que tinha quando tomou posse como ministro das Finanças e, em 1950, praticamente tinha-a eliminado.

Numa perspetiva mais longa, os números da dívida pública externa são estes: tal como 2011, em 1890, a dívida pública externa tinha atingido os 105% do PIB, tendo sido reduzida até 43% em 1914, mas subsequentemente aumentada durante a Primeira República, até atingir 51% em 1926. Salazar reduziu este endividamento para 23% em 1938 e para 2% em 1950.

Em contraste com essa redução, em 2013, apesar da massiva ajuda internacional que recebemos da União Europeia, o nosso endividamento público externo ultrapassará mais de 115% do PIB.

Não menos significativo é o facto de nessa época a diminuição da dívida ter sido feita sem recurso ao crescimento desenfreado dos impostos.

Hoje estes valores até nos parecem irreais, mas em 1928-29 a receita fiscal (excluindo a segurança social) representava apenas 7% do PIB e em 1939 estava novamente nos 7% do PIB. Apesar das guerras coloniais iniciadas em 1960, quando Salazar deixou de exercer funções, em 1968, a dívida externa em termos percentuais tinha subido apenas para 9% do PIB. No início do PREC, em 1974, este valor ainda estava nos 11% tendo atingido os 15% em 1984.

Porém, no início do regime socialista em 1995 o seu valor já tinha ultrapassado os 21%, valor que ainda hoje se mantém.

Também no domínio financeiro e monetário as suas reformas tiveram resultados excecionais. Basta lembrar que o nível de preços tinha quintuplicado entre 1918 e 1924, devido a uma inflação média anual de cerca de 30%. No mesmo período o escudo tinha desvalorizado cerca de 60% ao ano.

Em 1932, a reforma monetária de Salazar, foi inicialmente realizada através da reintrodução do sistema padrão-ouro e subsequentemente através da ligação do escudo à libra esterlina, o que lhe permitiu reduzir, no período 1932-1938, o crescimento médio da massa monetária (M2) para 5,53% e reduzir a inflação para 0,6% ao ano, ao mesmo tempo que a economia crescia a uma taxa real anual média de 2,5%.

Este pequeno ensaio não é o local apropriado para analisar mais detalhadamente estes resultados. Mas aos leitores interessados sugiro os trabalhos do historiador Nuno Valério, em particular os seus artigos sobre *A dívida externa de Portugal 1890-1950*, *A reforma fiscal da ditadura militar* e *A moeda em Portugal 1913--1947*.

Resta-me agora confrontar a questão de saber se Salazar poderia ter conseguido esses resultados sem a ditadura militar que o apoiou. No contexto de descalabro político em que terminou a Primeira República talvez tal não fosse possível.

Porém, hoje já seria possível. Basta pensar que o autoritarismo de Sócrates foi suficiente para impor a loucura dos gastos públicos em projetos ruinosos como o TGV, as energias eólicas e as parcerias público-privadas. Se essa mesma determinação tivesse sido utilizada para levar em frente as reformas que o país precisava não estaríamos hoje próximo da bancarrota.

Porém, não podemos esperar de um político que chegou a primeiro-ministro após uma carreira de colador de cartazes e de secretário distrital no aparelho partidário do engenheiro Guterres que tivesse a craveira moral e inteletual para fazer essas reformas.

Citando Salazar:

E para ganhar, na modéstia a que me habituei e em que posso viver, o pão de cada dia não tenho de enredar-me na trama dos negócios ou em comprometedoras solidariedades. Sou um homem independente. Nunca tive os olhos postos em clientelas políticas nem procurei formar partido que me apoiasse mas em paga do seu apoio me definisse a orientação e os limites da acção governativa. Nunca lisonjeei os homens ou as massas, diante de quem tantos se curvam no Mundo de hoje, em subserviências que são uma hipocrisia ou uma abjecção. Se lhes defendo tenazmente os interesses, se me ocupo das reivindicações dos humildes, é pelo mérito próprio e imposição da minha consciência de governante, não por ligações partidárias ou compromissos eleitorais que me estorvem.

Se retirarmos a última frase, que Salazar utilizou para justificar a perpetuação da ditadura militar, esta citação podia ser recomendada aos governantes da atualidade.

Deverá o FMI testar uma nova terapia em Portugal?

O FMI tem uma longa história de programas de ajustamento, que foram auditados exaustivamente. Alguns, foram executados em situações de dolarização, que são os regimes cambiais mais próximos de uma união monetária plena tal como temos na Zona Euro. A taxa de sucesso dos programas do FMI é de mais de 50%, o que é um bom resultado quando comparado com reestruturações de empresas onde as taxas de sucesso são geralmente mais baixas. Os programas falhados do FMI ocorrem geralmente em países que têm as seguintes caraterísticas:

1) Esperaram muito tempo para pedir a intervenção do FMI;
2) Negociaram termos mais suaves; e
3) Aplicaram as políticas de ajustamento com relutância.

Sob estes pontos de vista, Portugal é um candidato provável ao fracasso. Este receio não se abateu ao fim de um ano de programa e é agravado pela deceção dos programas gregos e irlandês.

Tal levanta a questão de saber se os programas do FMI para situações de dolarização podem ser igualmente aplicados em uniões monetárias. Uma diferença fundamental nas uniões monetárias é a ausência de uma política monetária autónoma e a impossibilidade de uma desvalorização da moeda nacional.

A política alternativa de fazer cortes nos salários nominais como forma de desvalorização não funciona por razões explicadas há muito tempo por Keynes. Embora possa melhorar o crescimento das exportações, irá sobretudo desencorajar as importações, causando uma recessão através de uma redução da procura agregada. O custo dessa política é desproporcional aos seus benefícios, pois reduz a procura agregada para ambos os setores — transacionáveis e não transacionáveis.

Ensino aos meus alunos que outras alternativas (como o controle cambial para limitar as importações e os subsídios declarados ou disfarçados pagos aos exportadores) também têm um impacto limitado e causam distorções dispendiosas. No entanto, não deixo de enumerar uma série de alternativas que podem funcionar no curto prazo. Aqui estão algumas:

a) A venda de ativos estatais;
b) O controle temporário dos preços dos oligopólios com grande impacto na estrutura de custos dos exportadores (principalmente de energia, transportes e telecomunicações);
c) O aumento do horário de trabalho, e
d) A adoção de impostos competitivos (por exemplo em sede IRC)

Há certamente boas razões para incluir todas estas alternativas no programa de ajustamento português.

Ilustrarei com o impacto potencial de uma hora extra de trabalho por dia. Teoricamente, seria equivalente a uma redução do salário real de cerca de 11%, mas não alteraria o salário nominal e não iria deprimir a procura agregada. Mesmo admitindo que o corte no salário real é só metade devido ao incumprimento e a estratégias de evasão, o impacte sobre a competitividade dos exportadores portugueses ainda seria significativo. Além disso, esta «hora-extra patriótica», obtida através do aumento dos horários de trabalho e/ou da redução de férias, feriados e pontes, poderia ser recompensada mais tarde com créditos fiscais.

Ao votar para se livrar do primeiro-ministro José Sócrates, que colocara o país na bancarrota, Portugal também deu ao FMI uma oportunidade única para testar novas abordagens ao ajustamento externo nos países membros de uma união monetária. Esperemos que o FMI a saiba aproveitar.

A troika e o resgate financeiro de Portugal

Em maio de 2011 assisti à conferência de imprensa da troika (FMI, BCE e UE) sobre o resgate de Portugal.

Numa apreciação, em termos gerais na ocasião, disse que o programa confirmava os receios que tinha expressado no passado. O programa chegou tarde de mais, é pouco exigente e não ataca os principais cancros da economia portuguesa.

Basicamente, o programa repete a receita da Grécia, embora de uma forma mais suave em termos de custo do dinheiro e da condicionalidade quanto às medidas e ao prazo para a consolidação orçamental. No entanto, é menos generoso no montante do empréstimo. Por isso, é duvidoso que Portugal possa voltar aos mercados numa situação de normalidade antes de 2013 e que consiga evitar uma reestruturação da sua dívida soberana.

Embora seja defensor da transparência na atividade das organizações internacionais, as suas comunicações devem ser feitas pelos meios adequados e no local próprio (*i.e.* a divulgação dos documentos deve ser feita no *site* dessas mesmas organizações). Este tipo de conferências de imprensa dadas por funcionários de quarta linha deixa um sabor amargo ao lembrar-nos que Portugal parece estar a transformar-se numa «república das bananas» que já perdeu a sua soberania nacional.

A este respeito, acrescento uma nota final sobre o FMI em Portugal. Estamos todos fartos de ouvir falar no FMI. Nunca se escreveu ou comentou tanto sobre o FMI em Portugal. No entanto, paradoxalmente, ou talvez não, constato que nunca se espalharam tantos mitos, medos, inverdades ou banalidades sobre o FMI.

Razões:

a) Das dezenas de comentadores que todos os dias aparecem nas televisões a falar sobre o FMI nenhum deles é especialista ou trabalhou em programas do FMI. A maioria desses comentadores nem sequer se dá ao trabalho de ir à Wikipedia ou ao *site* do FMI para ficar a saber alguma coisa sobre os seus programas;

b) As televisões, e a comunicação social em geral, desconhecem ou esquecem que algumas universidades têm disciplinas de Finanças Internacionais, e que supostamente os professores dessas disciplinas deverão saber um mínimo sobre programas de ajustamento.

Por isso, se o leitor quiser saber alguma coisa sobre o FMI, ignore os comentadores não qualificados e visite por si próprio o *site* nestes *links*:

http://www.imf.org/external/lang/portuguese/np/exr/fact s/howlendp.pdf e

http://www.imf.org/external/country/prt/index.htm

O resgate de Portugal: Estabilização orçamental

Na primeira reação ao resgate de 78 mil milhões de euros para Portugal afirmei que parecia pouco, demasiado tarde e muito suave. Agora, conhecidos os detalhes do programa, passo a analisar esse veredicto no que respeita à consolidação orçamental.

Em contraste com a Grécia, o programa português tem apenas dois critérios quantitativos de desempenho, um défice de 10,3 mil milhões de euros, em 2011, para ser reduzido para 7,6 mil milhões de euros, em 2012, e um teto para o total da dívida de 175,9 mil milhões de euros, em 2011, e 189,4 mil milhões de euros, em 2012.

Segundo as estimativas do FMI o produto nominal deveria diminuir 1,1% em 2011. Na verdade, o PIB do país acabou por cair 1,5% ficando-se pelos 171,1 mil milhões de Euros em 2011.

De acordo com as projeções do FMI, o programa de estabilização orçamental vai reduzir o *deficit* de uma média de 9,6% do PIB (¬ 16,5 mil milhões), em 2009-2010, para 3%, em 2013. Este objetivo será conseguido através de um crescimento das receitas equivalente a 0,8% do PIB e uma redução nos gastos igual a 5,4% do PIB. A meta para aumento da receita em 2 mil milhões de euros será obtida principalmente através de aumentos do IVA e redução dos benefícios fiscais. A maior parte dos 9 mil milhões de euros em cortes de despesa será alcançada através do congelamento dos salários nominais dos funcionários públicos até 2013, de um corte médio de 3% nas pensões superiores a 1500 euros (semelhante ao corte nos salários dos funcionários públicos), redução nos serviços do governo central, economias na saúde e educação, corte do investimento do setor público e redução das transferências para as empresas estatais deficitárias.

O programa de consolidação orçamental deve ser julgado em quatro frentes: probabilidade do seu cumprimento, sustentabilidade futura, divisão dos sacrifícios e impacte macroeconómico.

As metas parecem ter sido fixadas deliberadamente baixas para que possam ser facilmente satisfeitas. A minha estimativa, apresentada acima no capítulo sobre onde fazer cortes, era de que só para reverter o excesso de gastos dos governos socialistas, Portugal precisava de cortes no valor de pelo menos 8% do PIB, isto é quase o dobro do proposto.

No entanto, existem ainda algumas incertezas que são dignas de nota. Por exemplo, no lado da receita, a neutralidade fiscal do corte da Taxa Social Única proposto pelo FMI não era certa. Contudo, a resistência vai ser ainda maior do lado da despesa. Em particular, no que concerne à diminuição da administração central, ao controle dos custos de saúde e à redução das transferências para as empresas estatais.

Em termos de sustentabilidade futura, os objetivos não são apenas tímidos, mas também incertos. Por exemplo, o programa de privatizações prevê arrecadar apenas 5,5 mil milhões de euros. As previsões do FMI pressupõem um aumento significativo da dívida pública para 115% do PIB em 2014 — numa economia que não deverá crescer mais de 2% no período pós-recessão (valor já revisto em ligeira baixa para 1,9%).

Num contexto de especulação contínua contra o euro e os países mais fracos da Zona Euro, tal não permitirá o regresso de Portugal ao mercado a taxas de juros razoáveis. Acresce ainda que três dos maiores problemas de finanças públicas (desconhecimento do valor dos pagamentos em atraso, dívidas e garantias ocultas aos bancos e às PPP, e a necessidade de uma reforma fiscal completa) foram remetidos para um estudo mais aprofundado.

Em termos de repartição dos sacrifícios, o programa é claramente injusto contra a classe média (baixa e média alta), e para os funcionários públicos. Além disso, quase não toca nos subsídios aos monopólios privatizados e outros grupos de interesses.

Também estes foram apenas remetidos para um futuro estudo mais aprofundado.

Finalmente, as consequências macroeconómicas apontam para uma quebra no PIB de 3,3%, em 2012, e uma retoma de apenas 0,3%, em 2013. Este valor para 2012 parece otimista, especialmente tendo em conta a contribuição negativa de 5,8% do consumo privado (que inclui os funcionários públicos e pensionistas).

A tentativa do FMI para evitar uma recessão mais acentuada é razoável, mas é improvável que possa ter sucesso, dado o abrandamento previsível na economia europeia e a falta generalizada de confiança nas perspectivas de crescimento do nosso país no longo prazo.

Em conclusão, um programa tímido de consolidação orçamental, num contexto de incerteza global, pode permitir que o país se aguente nos próximos dois anos. Se será suficiente para evitar a necessidade de um outro resgate e/ou de reestruturação da dívida já é duvidoso.

OE 2012: Um orçamento sem luz ao fundo do túnel

O ministro das Finanças apresentou o Orçamento mais drástico dos últimos anos. Propôs-se reduzir a despesa (excluindo os juros) num montante equivalente a 3,2% do PIB previsto para 2012, isto é, aproximadamente 7,5 mil milhões de euros. No lado da receita, apesar de um aumento das receitas correntes num valor equivalente a 0,8% do PIB, previu uma redução das receitas totais igual a 0,9% do PIB devido a uma redução significativa das receitas de capital.

Os cortes em 2012, adicionados às medidas tomadas no final de 2011, e equivalentes a cerca de 2% do PIB, vão provocar uma contração do PIB em cerca de 2,8%. Isto, de acordo com a perspetiva otimista do Governo. Estimativas mais realistas apontam para uma queda próxima dos 4%. Em qualquer dos casos, 2012 será certamente muito difícil para os portugueses, sobretudo para os mais afetados pelos cortes na despesa.

Os mais afetados serão os profissionais da função pública (com um corte adicional nos seus vencimentos em mais de 14%), que contribuirão com um montante equivalente a 1,1% do PIB, e os reformados, que contribuirão com 0,7%. Isto é, estes dois grupos suportam 56% do corte total das despesas.

O problema desta repartição desigual dos sacrifícios, para além de injusta, como demonstramos abaixo no capítulo sobre a responsabilização dos funcionários públicos e dos políticos, é que não assegura a sustentabilidade das finanças públicas.

Na verdade, os sacrifícios seletivos, mesmo definidos em função do rendimento dos contribuintes, devem ser interpretados como uma forma disfarçada de aumento da receita fiscal, e portanto como um imposto extraordinário.

Estes cortes não serão sustentáveis mesmo admitindo que o Governo está a mentir quando diz que os cortes são transitórios. Mais, pelo facto de não serem transversais a todo o setor público, os cortes agravam as disparidades salariais já existentes, reduzindo a motivação e produtividade dos funcionários públicos mais qualificados.

Trata-se de mais uma política de transferir os problemas para as futuras gerações, ao estilo do governo anterior.

É por demais evidente que o problema orçamental em Portugal se deve em larga medida a excesso de pessoal e a remunerações e prestações sociais excessivas pagas a certos grupos específicos. A sua correção requer a extinção de serviços com despedimento de pessoal e um corte generalizado nas remunerações, mas com maior incidência nos setores e nos profissionais privilegiados (onde se incluem, nomeadamente os menos qualifica-

dos, as empresas públicas, a saúde, etc.). Só assim a reforma da
função pública será duradoura e evitaremos um disparar da despesa pública em 2014 e 2015 quando for necessário recuperar
parte do poder de compra dos agora sacrificados.

No seu dogmatismo monetarista, o ministro das Finanças parece acreditar que o problema se resolverá com uma retoma da
economia que ocorrerá por obra e graça do Espírito Santo já em
2013. Mais, ignora que o rendimento dos portugueses continuará
a cair nos primeiros anos da retoma económica.

Por isso avança com um programa de ajustamento estrutural
meramente simbólico baseado nas privatizações, na reforma da
justiça e na flexibilidade laboral, acompanhado do aumento de
meia hora no horário de trabalho do setor privado (ou mais sete
dias de trabalho conforme pretendem as associações patronais).

Esta última medida, proposta em substituição da redução da
TSU, é positiva. Porém, mesmo se tivesse sido implementada,
ficaria muito aquém do aumento que propus acima, quando me
interroguei sobre se o FMI devia testar uma nova terapia em Portugal, necessária para provocar um efeito equivalente a uma desvalorização cambial na ordem dos 7%.

Mesmo com uma desvalorização desta ordem de grandeza,
ainda será indispensável uma desvalorização pela via fiscal para
assegurar uma retoma económica duradoura e significativa. Essa
desvalorização deverá ser feita através do IRC e não da TSU, de
modo a gerar mais investimento nacional e estrangeiro no imediato.

No entanto, o Governo fez exatamente o oposto ao aumentar
a taxa mínima de IRC de 12,5% para cerca de 30%. Isto é, esta
apreciação fiscal irá eliminar o efeito da pequena desvalorização
obtida através da meia hora adicional de trabalho (que entretanto
foi abandonada).

De igual modo, em contraste com a solução rápida que advo-
guei para privatizar depressa e bem, o Governo decidiu fazer as

privatizações através de um processo moroso e dispendioso, que apenas servirá para enriquecer os bancos de investimento e escritórios de advogados, não gerando as receitas necessárias no curto prazo.

Quanto às reformas da justiça e do mercado laboral, ainda que bem necessárias, o seu conteúdo e alcance ainda são desconhecidos na sua totalidade (não alguns casos — e.g. a redução excessiva nas indemnizações por despedimento — as medidas irão agravar desnecessariamente o desemprego). Porém, mesmo que venham a ser eficazes, os seus efeitos só se farão sentir no longo prazo.

Em conclusão, o Orçamento de 2012 continua a ser uma manta de retalhos de medidas apressadas e contraditórias que não garantem a transparência e consolidação duradoura das contas públicas necessárias à recuperação da confiança dos mercados. Isto é, não se vê nenhuma luz ao fundo do túnel.

O resgate de Portugal: reestruturação do setor bancário

As reformas da troika (FMI, UE e BCE) para o setor bancário destinam-se a reforçar a resiliência do setor, «aumentando as exigências de capital através de soluções baseadas no mercado, apoiadas por uma linha de financiamento. As salvaguardas, e os mecanismos prudenciais para garantir a liquidez do sistema bancário em níveis adequados, serão reforçadas».

As principais medidas do programa incluem:

a) Exigência de que os bancos aumentem os seus capitais próprios Tier 1 para 9%, no final de 2011, e 10%, o mais tardar no final de 2012. Os bancos devem levantar o capital necessário no mercado, com a exceção da CGD, que o fará através da venda de ativos (vendendo o seu negócio de seguros). O Governo criará um mecanismo de financiamento de 12 mil milhões de euros para socorrer os bancos em dificuldades;

b) Aumentar em 15 mil milhões de euros (para 35 mil milhões de euros) o Fundo de Garantia do Estado para garantir a dívida emitida pelos bancos, que pode ser usada para refinanciamento junto do BCE;

c) Encerrar o caso BPN; e

d) Melhorar o Sistema de Supervisão do Banco Central, bem como o mecanismo de Seguros de Depósito.

Como os bancos portugueses não estavam muito expostos à crise do *subprime* ou à bolha imobiliária, as medidas enumeradas parecem suficientes para aguentar o setor durante cerca de dois anos, até que possa aceder novamente ao mercado. Contudo, se a crise da dívida soberana portuguesa prosseguir para além deste horizonte ou ocorrer uma reestruturação, serão necessárias novas medidas de apoio ao setor financeiro.

Contudo, noutra perspetiva, o programa pode ser considerado como uma oportunidade perdida para racionalizar e mudar o modelo de negócio dos bancos portugueses. Estes têm sido tolhidos por uma falta crónica de capital (tolerada pelas autoridades), usada para preservar o controle dos bancos nas mãos de uns poucos, e para disfarçar uma baixa rentabilidade apesar da proteção governamental. Além disso, alguns dos bancos têm um desequilíbrio perigoso causado por uma reduzida base de depósitos e uma alta exposição a empréstimos de longo prazo ao setor hipotecário, às PPP, aos oligopólios nos serviços básicos e a algumas empresas suas participadas.

A fim de evitar que os bancos procedam à sua desalavancagem, exclusivamente através da redução do crédito ao setor empresarial privado e às famílias, com graves consequências sociais e macroeconómicas, os bancos deviam ser obrigados a mudar o seu modelo de negócio tradicional.

Por exemplo, tal poderia ser conseguido limitando ou proibindo as suas participações no capital de empresas cotadas em bolsa (contribuindo para dar liquidez ao mercado de ações e reduzir muitas das atuais relações incestuosas). Da mesma forma, o Governo devia recapitalizar adequadamente as empresas estatais que sejam efetivamente indispensáveis de forma a reduzir a exposição dos bancos ao setor. Mais importante, o Governo devia nacionalizar as PPP retirando-as do balanço dos bancos. Esta medida devia ser financiada por um empréstimo de longo prazo junto dos fundos de estabilização financeira da União Europeia (EFSF/ESM).

Em conclusão, as autoridades precisam de ser mais criativas, porque o sucesso da reforma do setor financeiro e a estabilização orçamental estão inextrincavelmente interligadas para o bem e o mal.

O resgate de Portugal: Reformas estruturais

O diagnóstico do FMI sobre a situação económica portuguesa está basicamente correto: «Problemas estruturais enraizados, incluindo baixa produtividade, fraca competitividade e endividamento elevado prejudicam gravemente o potencial de crescimento.» Para relançar o crescimento, o programa de ajuste inclui um conjunto de reformas estruturais focadas sobre «o aumento da concorrência, a redução dos custos de trabalho, e o aumento do emprego e da produtividade».

No entanto, o fim do baixo crescimento médio da economia portuguesa, apenas 0,7% de crescimento anual na última década, não está à vista. A recuperação cíclica esperada para 2013-2014 irá atingir apenas 2,5% e cairá para 2% posteriormente. Estava previsto que o desemprego atingisse um pico de 13% em 2012 (entretanto revisto para os 15% e já ultrapassado), e o *deficit* da conta corrente deverá reduzir gradualmente até 3,4% em 2014. As projeções para o desemprego parecem errar no lado otimista. Em particular, a esperada forte queda das importações não é compatível com o crescimento esperado das exportações, dado o elevado conteúdo importado das exportações portuguesas. As seis principais medidas do programa incluem:

1) Uma desvalorização fiscal através dos impostos sobre os salários;
2) A reforma do mercado da habitação;
3) Uma redução nos atrasos judiciais;
4) Aumento da flexibilidade do mercado de trabalho reduzindo as indemnizações em dois terços (para 10 dias) e restringindo o subsídio de desemprego;
5) Reduzir os subsídios implícitos no setor da eletricidade e melhorar o quadro da concorrência para reequilibrar o crescimento para o setor de bens comercializáveis e reduzir os comportamentos de *rent-seeking*; e
6) Um programa de privatizações para encaixar 5,5 mil milhões de euros em receita.

Estas medidas vão na direcção certa, mas são modestas e ignoram alguns dos principais cancros na economia portuguesa que identifiquei anteriormente. Por exemplo, não atacam o sistema generalizado de subsídios que são uma importante fonte de corrupção, ineficiência e de preservação de empresas subsídio-dependentes, destruidoras do verdadeiro empreendedorismo.

Além disso, a eficácia das medidas enumeradas acima é questionável nos seguintes casos: o programa de privatização é muito lento e demasiado modesto e, em casos como o do abastecimento de água, poderá agravar os problemas já causados por outras empresas privatizadas. Na verdade, o programa teria de ser complementado por um programa de nacionalizações abrangendo as PPP, o setor da saúde e alguns dos serviços públicos.

Da mesma forma, melhorias no quadro competitivo não são suficientes para resolver os problemas de *rent-seeking* que minam a competitividade portuguesa. Como ficou demonstrado no setor dos combustíveis, o conluio entre as empresas oligopolistas é claramente visto, mas não é facilmente comprovado. Aqui, uma solução eficiente e competitiva devia ser alcançada através da introdução de uma taxa niveladora para garantir a concorrência transfronteiriça.

Mais preocupante é a perspetiva da desvalorização fiscal não ser nem fiscalmente neutra nem eficaz. A sua aplicação a uma base tributária muito alargada faz com que seja uma solução muito cara e que os aumentos de impostos para compensar a perda de receita fiscal possam travar o crescimento. Assumindo o corte sugerido de cerca de 4%, isto significaria uma redução pontual de menos de 2,5% nos custos unitários do trabalho. Assim, o seu impacto sobre o crescimento pode até não ser suficiente para compensar a redução no crescimento causada pelo aumento de impostos. Em qualquer caso, o seu impacto é muito pequeno quando comparado com uma desvalorização potencial de 7% alcançada através da minha proposta, sugerindo um aumento do número de horas de trabalho.

Em conclusão, embora o programa do FMI aponte na direção certa, não vai inverter o crescimento lento da economia portuguesa e não garante que o país possa retomar o acesso normal aos mercados internacionais e recuperar a condução do seu próprio destino.

A menos que o novo governo seja capaz de melhorar e alargar o programa do FMI, receio que em breve, iremos precisar de mais uma operação de resgate financeiro.

8.

JUSTIÇA

PORTUGAL TEM UM PROBLEMA ESTRUTURAL GRAVE no sistema de justiça
convencional, abordado no primeiro ensaio deste capítulo,
sob o título de paraíso criminal e inferno fiscal. No entanto, num
contexto de crise económica e de austeridade, os problemas da
justiça vão muito para além dos problemas judiciais e a justiça é
aqui abordada no sentido lato. Por isso no segundo e terceiro sub-
capítulos analiso o sentimento de injustiça decorrente da impu-
nidade dos políticos e da repartição desproporcionada dos sacrifícios pelos funcionários públicos e reformados. Segue-se uma
análise de outras formas de injustiça, nomeadamente a desigualdade de oportunidades no acesso às universidades de elite, o
pagamento de pensões milionárias imerecidas, as injustiças nos
impostos sobre o rendimento e a violação dos princípios básicos
de um Estado de Direito. Finalmente, conclui-se com um alerta
sobre o perigo para a democracia portuguesa se não se arrepiar
caminho no aumento do sentimento generalizado de injustiça.

Portugal: Paraíso criminal e inferno fiscal

Enquanto a generalidade dos países procura reduzir a criminalidade e a carga fiscal, em Portugal procura aumentar-se ambas. Dois casos flagrantes ilustram bem este desvario esquerdista que tem flagelado o país desde o 25 de Abril.

Recentemente noticiou-se que uma idosa de 87 anos tinha sido encontrada morta em sua casa ao fim de sete anos. Só foi encontrada porque, entretanto, sem que a tivessem ouvido, as Finanças tinham expropriado e vendido a sua casa para pagamento de uma dívida inferior a 1500 euros.

Para além do fracasso absurdo do insaciável Estado Social, esta monstruosa arbitrariedade fiscal que permite efetuar uma penhora sem ouvir os penhorados só é possível num país onde se perdeu por completo a noção do que é um Estado de Direito (emigrantes, estejam atentos, qualquer dia chegam a Portugal e verificam que as Finanças venderam a vossa casa...).

Noutra notícia, a comunicação social informava que «apenas um dos 11 detidos na operação 'Nordeste Explosivo' ficou em prisão preventiva, os restantes saíram em liberdade». No passado ficava preso quem tivesse adulterado um copo de leite, hoje o tráfico de armas e a posse de explosivos não justificam prisão. Por estas e por outras é que o número de arguidos em crimes contra a vida em sociedade aumentou 1345% entre 1984 e 2009. O facto de Portugal ter as penas mais leves do mundo, que mesmo assim só são cumpridas em um ou dois terços, e um regime prisional de facilitismo, explicam como «o país dos brandos costumes» de antanho se transformou no paraíso criminal de hoje.

O país não padece apenas com a crise da dívida soberana, há crises mais profundas que precisam de ser enfrentadas. A crise da justiça está no topo dessas prioridades.

A responsabilização dos políticos

Nas democracias representativas é essencial discutir se a responsabilização dos políticos deve ser feita exclusivamente através do voto ou se deve também ser feita ao nível judicial (civil e criminal). Discute-se também se deve abranger apenas os políticos eleitos e se, entre estes, deve incluir apenas os seus dirigentes máximos (primeiro-ministro, líder partidário, etc.).

Em Portugal discutiu-se de forma efémera se bastava a derrota eleitoral de José Sócrates e a sua subsequente saída da direção do Partido Socialista ou se, conjuntamente com os seus colaboradores mais próximos, deviam ser processados judicialmente.

Nas democracias mais avançadas tem-se optado apenas pela responsabilização política para evitar que os políticos vencedores procurem vingar-se dos vencidos e ou desculpabilizar todos os seus futuros erros com a herança recebida do passado. Caso contrário, corre-se o risco de golpes e contragolpes de estado como ocorre com frequência nos países Africanos.

Com exceção dos casos de natureza claramente criminal (apropriação de dinheiros públicos, corrupção, etc.) não me parece razoável estender a noção de prestação de contas (*accountability*) ao nível do desempenho em termos da boa gestão financeira dos dinheiros públicos avaliada por um tribunal. Que tribunal, com que critérios?

Mesmo nos casos onde os decisores e as consequências das suas decisões estão claramente identificados não me parece aconselhável aplicar sanções pecuniárias e ou obrigar à reposição dos gastos resultantes das más decisões.

Por exemplo, não seria possível pedir ao ministro Teixeira dos Santos que ressarcisse o Estado dos 4 mil milhões de euros que custou a nacionalização do BPN ou aplicar ao ministro Manuel Pinho uma pesada multa por ter continuado a ruinosa política de subsidiação à EDP Renováveis e a outros produtores de energia eólica.

Na verdade, não só a sua responsabilidade direta teria de ser atribuída ou partilhada com o primeiro-ministro e o Conselho de Ministros, como a avaliação da relação custos benefícios dessas decisões seria sempre controversa.

Se nuns casos é possível encontrar um responsável inequívoco pelos grandes projetos falhados (por exemplo, Tribolet e Zorrinho no caso das novas tecnologias), na maioria dos casos a responsabilidade está repartida por vários governos e departamentos governamentais (por exemplo, o descontrolo com as PPP, as despesas da saúde, as novas oportunidades, os apoios à agricultura e à formação profissional, etc.). Esta diluição de responsabilidades tornaria o processo de responsabilização judicial claramente inexequível.

No entanto, há soluções intermédias entre a simples responsabilização pelo voto e a responsabilização judicial.

Por exemplo, em alternativa à responsabilização judicial e para além da responsabilização política pelo voto popular, sugiro também a realização de um *Livro Negro de Despesismo Público nos Últimos 25 Anos*. Um livro a elaborar por uma «comissão independente de sábios» para memória futura e benefício das gerações vindouras. Nele ficariam enumerados os principais responsáveis diretos e indiretos do desperdício dos dinheiros públicos bem como a avaliação do dolo causado e das suas motivações, justificações e negligências.

Responsabilizar os funcionários públicos ou os políticos?

A proposta de Orçamento de Estado para 2012 volta a escolher os funcionários públicos mais qualificados como vítimas do descalabro despesista dos Governos. Enquanto José Sócrates passeia descansadamente no seu retiro dourado de Paris, os médicos, professores e outros quadros da função pública, no ativo ou reformados, vão ter mais um corte salarial de 11,2% a somar aos 13,2% que já tiveram em 2011 (corte salarial mais 13.º e 14.º mês).

Porquê reduzir em 22,9% o salário destes funcionários? Será para aumentar as exportações e a competitividade nacional? Obviamente que não, porque não prestam serviços exportáveis.

Será por terem sido os principais beneficiários do despesismo socialista? Certamente que não. Não trabalharam nas construtoras, no BPN e nos outros bancos, nas energias renováveis, no fabrico do Magalhães, nas Novas Oportunidades e em muitas outras fontes do despesismo incontrolável dos políticos que nos governaram nos últimos anos.

Não se percebe por isso que o Governo tenha agravado o erro já cometido aquando da tributação do 13.º mês em 2011, deixando de fora os rendimentos do capital (juros e dividendos). Agora não só deixou novamente de fora estes últimos rendimentos, mas também os trabalhadores do setor privado. Isto é, agravou ainda mais as injustiças socais.

Poder-se-ia contra-argumentar que os privados contribuíam trabalhando mais meia hora por dia (mesmo esta contribuição modesta foi entretanto abandonada). Mas isso equivalia a um corte salarial voluntário de apenas 6,25% e que afetaria apenas os que têm menos poder reivindicativo, precisamente os que nada contribuíram para o despesismo do Estado. Por exemplo, não se percebe que um médico contribua com 23% do seu salário e um quadro bancário que lucrou com o descalabro das contas públicas e deve a manutenção do seu emprego ao resgate financeiro do Estado não venha a contribuir com nada.

Em suma, compreende-se que a situação do país exija este sacrifício de todos nós e que talvez até não seja suficiente. Mas não pode aceitar-se a forma injusta como estão a ser repartidos os sacrifícios.

Sobretudo porque os critérios de uma repartição justa podem ser baseados em fórmulas equitativas tão simples como esta: dividem-se os sacrifícios por todos em proporção dos seus rendimentos, depois aplica-se uma sobrecarga adicional aos beneficiários do despesismo que será utilizada para isentar os mais desfavorecidos (por exemplo, todos os que tenham rendimentos inferiores ao salário mínimo).

Só repondo o sentido de justiça o Governo poderá evitar que o país caia num clima de contestação generalizada que pode facilmente degenerar numa crise social ao estilo grego.

Ensino e (des)igualdade de oportunidades

Uma forma de injustiça frequentemente ignorada é a desigualdade de oportunidades no ensino.

Regularmente os jornais publicam o *ranking* das escolas baseado nos resultados dos exames do secundário, os últimos em 2011. Mais uma vez se confirmou a tendência crescente para a concentração dos melhores resultados nas escolas privadas. Num total de 565 escolas com mais de 50 exames, as escolas privadas ocuparam os primeiros 20 lugares e representam 80% das escolas no *top* das 10% com melhores resultados. O reverso deste excelente resultado dos privados é obviamente o mau resultado das escolas públicas.

Há certamente algumas razões aceitáveis para explicar parcialmente os maus resultados das escolas públicas, nomeadamente a instabilidade contratual dos docentes provocada pela ingerência permanente dos sindicatos e dos governos na gestão das escolas. Porém, a maioria das desculpas que ouvimos é falaciosa. Por exemplo, o excesso de alunos não impediu uma escola privada (o Externato Ribadouro) de atingir o segundo melhor lugar no *ranking* nacional.

Contudo, não iremos discutir as causas do fracasso da escola pública mas antes as suas consequências. Em particular o seu impacte na desigualdade de oportunidades no acesso às profissões e cargos mais desejados socialmente.

É sabido que nas sociedades modernas um número reduzido de três ou quatro universidades constitui a principal porta de acesso aos melhores empregos. Este fenómeno cria uma «luta acesa» por um lugar nessas universidades, levando os pais dos alunos a investir sobretudo no ensino pré-universitário, o que gera uma diferenciação entre escolas públicas e privadas. Isto resulta num enviesamento que favorece os ricos e os residentes em Lisboa e no Porto.

Para avaliar as consequências de tal enviesamento imagine-se um exemplo numérico onde as universidades de elite oferecem 100 vagas para um total de 900 candidatos. Os candidatos dividem-se por três grupos iguais de alunos normais, bons e excelentes, oriundos, em termos de origem social, de dois grupos — os abastados (20%) e os restantes. Em concorrência normal haveria 3 candidatos excelentes a cada vaga nas universidades de elite e, não havendo discriminação social, entrariam 12 alunos de origem abastada e 88 de origem não abastada, todos excelentes alunos.

Porém, como os alunos de origem abastada são igualmente talentosos, a frequência de uma boa escola privada e o investimento adicional em explicações permitir-lhes-á obter notas melhores do que as dos não abastados mesmo que marginalmente mais talentosos. Admitindo que, com apoio, mais de 80% dos candidatos abastados conseguiria entrar, estes preencheriam 48% das vagas, deixando apenas 52 vagas para os 240 candidatos não abastados. Isto é, a taxa de admissão dos abastados nas universidades de elite seria de 80% enquanto a dos não abastados era de apenas 21,6%.

O facto de quase 80% dos alunos talentosos terem de optar por universidades de segunda e terceira linha é benéfico para essas universidades, mas prejudica a carreira desses alunos com o estigma de não terem passado por uma universidade de elite.

Acrescente-se que, no nosso país, onde não existe uma grande tradição de frequentar escolas em regime de internamento, a desigualdade de oportunidades é também causada pela falta de oportunidades nas cidades de província. Nestas, os mais abastados também não têm acesso a escolas públicas ou privadas de qualidade.

Por exemplo, na região de Aveiro, onde a qualidade média das escolas é bastante boa, não existe nenhuma escola de topo (das sete escolas públicas e uma privada existentes a melhor ficou apenas em 68.º lugar). Também na região da Covilhã, onde existem cinco escolas públicas e duas privadas a qualidade média das escolas é baixa, não existe qualquer escola de topo, tendo a melhor escola (o meu antigo Liceu Nacional da Covilhã) ficado apenas em 136º.

A solução para este desequilíbrio na igualdade de oportunidades passa obviamente pela melhoria da qualidade do ensino público, em geral, ao nível nacional — tarefa que poderá demorar muitos anos. No entanto, no imediato, as autoridades podiam começar por resolver as desigualdades regionais apoiando o desenvolvimento de pelo menos uma escola de topo em cada uma das principais cidades de província.

Contribuições, idade de reforma e pensões milionárias

Em Portugal a segurança social também contribui para o sentimento generalizado de injustiça.

Como temos uma segurança social baseada no regime de *pay-as-you-go* com benefícios pré-definidos, o sistema é naturalmente facilitador de injustiças. Entre estas, as mais flagrantes resultam do pagamento de pensões milionárias a certos beneficiários sem a contrapartida de contribuições suficientes para o seu financiamento.

Entre nós, as pensões consideradas «milionárias», no sentido popular de excessivas, geralmente devem-se a pagamentos indevidos. Quando as pensões são pagas com base apenas nas contribuições feitas pelos beneficiários e respetivos empregadores, é indiferente que o pensionista receba apenas uma ou uma dezena de pensões e, se o seu valor for considerado excessivo, isso significa apenas que o beneficiário tinha uma remuneração alta.

É importante frisar que uma remuneração elevada é diferente de uma pensão excessiva, embora muitas vezes as últimas sejam utilizadas para camuflar as primeiras.

No entanto, entre nós o problema das pensões excessivas resulta de a fórmula utilizada para o seu cálculo não se basear no histórico total das contribuições feitas, mas apenas nalguns anos, e no facto de a idade de reforma não ser igual para todos.

Este último problema pode ser facilmente ilustrado com o seguinte exemplo numérico retirado do simulador de um banco português. No momento em que escrevo, com 100 mil euros, podia comprar-se uma renda bruta mensal fixa e vitalícia de 357,23; 403,51 ou 468,07 euros, consoante a idade do beneficiário fosse 55, 60 ou 65 anos respetivamente.

Mas a forma mais dramática de ilustrar o problema é calcular as polémicas pensões dos administradores do Banco de Portugal. Segundo a comunicação social, um vice-governador que se reforme aos 49 anos, após seis anos de exercício do cargo, recebe uma pensão mensal de 8 mil euros. Usando o simulador citado acima, para comprar essa pensão, o Banco de Portugal teria de gastar 2,3 milhões de euros. Para acumular este valor ao fim de seis anos seria necessário que o trabalhador e o banco contribuíssem anualmente para o fundo de pensões com cerca de 320 mil euros. Como o salário anual ilíquido de um vice-governador ronda os 250 mil euros as contribuições para a pensão seriam muito superiores ao próprio vencimento.

Neste caso, não só os salários são excessivos quando comparados com os seus congéneres internacionais (cerca do dobro), como as pensões são verdadeiramente exorbitantes quando comparadas com os padrões internacionais mais generosos.

Estes padrões recomendam normalmente que se pague cerca de 20% do salário final anual por cada ano de serviço. Se este critério tivesse sido utilizado no exemplo citado, o Banco de Portugal gastaria apenas 300 mil euros e o beneficiário receberia uma pensão mensal de cerca de mil euros (*i.e.* 1/8 do valor efetivamente recebido).

Desconhecemos se o Banco de Portugal tem contribuído para o respetivo fundo de pensões com os montantes necessários para fazer face a pensões tão generosas. Mas, no caso do Estado, é sabido que tem vindo a utilizar os impostos pagos pela generalidade dos contribuintes para pagar pensões de regimes não integralmente capitalizados pelos seus beneficiários e tem mesmo adquirido fundos de pensões privados com problemas semelhantes. Esta prática é inevitavelmente geradora de injustiças por transferir rendimentos dos contribuintes para grupos específicos de pensionistas.

Pensões milionárias e acumulação de pensões

Uma outra forma de injustiça social decorre dos regimes de acumulação de pensões.

Nos dias de hoje a maioria das pessoas muda várias vezes de empregador ou acumula mais do que um emprego. Consequentemente, pode ter descontado para diversas entidades pagadoras ao abrigo de um ou mais sistemas de pensões. Eu próprio, quando trabalhei no setor privado, num dos empregos descontei para um regime de benefícios pré-definidos e noutro para um regime misto.

Existem também empregadores que comparticipam diversos fundos e regimes de pensões diferenciando os trabalhadores segundo o cargo, a profissão ou a entidade onde trabalham. Entre nós o próprio Estado tem-no feito, nomeadamente com regimes diferenciados para os militares, polícias, ferroviários, trabalhadores do Banco de Portugal, etc.

Ora isso levanta o problema de saber como são consolidadas (ou não) as pensões dos contribuintes que trabalharam ao abrigo de diversos regimes. Para isso comparemos por exemplo um professor catedrático que ao longo da sua carreira exerceu diversas funções na Administração Pública, umas vezes a tempo parcial, outras a tempo completo, com outro que apenas trabalhou na respetiva universidade. O último recebe hoje uma pensão mensal na ordem dos 4800 euros. Quanto receberia o que exerceu outras funções?

Analisemos a situação com o exemplo do professor Cavaco Silva, que tem sido muito discutida na opinião pública. Antes de se reformar, Cavaco Silva foi durante 12 anos presidente e membro do Governo, foi 3 anos presidente do Conselho Nacional do Plano, durante outros 3 anos foi diretor do Gabinete de Estudos do Banco de Portugal e durante 18 anos foi professor nas universidades Nova e Técnica de Lisboa. Segundo a comunicação social, o atual Presidente da República recebe três pensões no valor mensal de cerca de 10 000 Euros, uma pelo seu trabalho na universidade, outra no Governo e outra no Banco de Portugal. O facto de receber três pensões nada tem de extraordinário uma vez que trabalhou e descontou ao abrigo de três regimes diferentes.

Porém, se as três pensões tivessem sido consolidadas no mesmo regime (por exemplo, o da CGA) de quanto seria a sua reforma? Embora não disponhamos dos valores reais, se admitirmos que durante a metade da sua carreira exercida fora da universidade ganhou o dobro do que aí receberia, então a sua reforma hoje seria 3/2 da reforma de um catedrático que apenas trabalhou na universidade, ou seja 6700 euros. Isto é, neste exemplo a não consolidação das reformas permitiu ao beneficiário um ganho adicional de quase 50%.

Note-se que esta situação é favorável a todos os beneficiários de vários regimes especiais no Estado. Todos beneficiam de um sistema injusto, mesmo quando essa vantagem é eliminada por outras injustiças, como aconteceu com o atual Presidente da República. Na verdade, num regime consolidado, se não fosse a política absurda de proibir nalgumas funções políticas a acumulação com pensões, o presidente da República não teria de prescindir do respetivo vencimento e ganharia mais (*i.e.* 13 200 euros = 6700 euros de pensão + 6500 euros de vencimento como Presidente da República).

Em conclusão, em Portugal, as «reformas milionárias» nada têm a ver com o facto de os seus beneficiários terem acumulado empregos ou terem tido vários empregadores, mas sim com a forma como são consolidadas. Repor uma situação de justiça nestes casos é simples, basta que todas as contribuições sejam consolidadas no mesmo regime e que se verifique se as respetivas entidades empregadoras financiaram na íntegra essas pensões.

Só o rigor e a transparência dos sistemas contributivos podem repor a justiça e evitar mal-entendidos.

Modas parisienses para os impostos

Num Estado de direito, a justiça fiscal tem de ser aplicada a todos independentemente de serem ricos ou pobres.

Recentemente a comunicação social portuguesa, sempre ávida das novidades parisienses, tem dado grande destaque à chamada tributação das grandes fortunas. Porém, esqueceu-se de lembrar que, em matéria de tributação, a França não é exemplo para ninguém, como se pode facilmente depreender dos seguintes quadros extraídos da base de dados fiscais da OCDE.

Tributação marginal máxima dos rendimentos do trabalho

País	Taxa marginal máxima		Taxa nominal máxima	Limiar de aplicação (múltiplo do salário médio)	Salário médio (moeda local)	Salário médio em $US e paridades de poder de compra.
	Conjunta	Tudo-incluído				
Bélgica	45,3%	59,4%	53,7%	1,0	42 740	49 351
Rep. Checa	20,1%	31,1%	15,0%	0,4	290 481	20 868
França	38,4%	50,5%	46,7%	2,7	35 859	41 361
Alemanha	47,5%	47,5%	47,5%	5,9	43 855	54 949
Japão	47,2%	47,8%	50,0%	4,7	4 781 406	44 738
Portugal	44,5%	55,5%	50,0%	9,8	17 588	27 836
EUA	41,7%	43,2%	41,9%	8,3	46 800	46 800

Fonte: OCDE, 2011 — http://www.oecd.org/dataoecd/46/18/2506453.xls

Por exemplo, no que respeita à taxa máxima do imposto sobre o rendimento do trabalho, a França já tem uma das taxas mais elevadas. No entanto, é ainda inferior à da Alemanha, país com o qual acordou recentemente fazer uma harmonização fiscal. Por isso, o pedido dos dezasseis milionários franceses para pagarem mais impostos foi apenas uma manobra demagógica de antecipação ao que o Governo já tinha decidido.

Note-se que, como o limiar de aplicação da taxa máxima é muito inferior ao alemão, poderá acontecer que ainda venham a pagar menos impostos se os dois países acordarem também em nivelar o limiar de aplicação.

No que toca à tributação dos rendimentos de capital, os milionários franceses ainda têm muito mais a ganhar com a harmonização fiscal com a Alemanha, pois, como se pode verificar no quadro seguinte, a França tem a taxa global mais elevada de toda a OCDE (57,8%).

Taxas de tributação nominal e efetiva dos dividendos

País	Método de tributação	Taxa CIT sobre os lucros distribuídos	Lucros antes de impostos	Lucros distribuídos	Taxa final de retenção na fonte	Taxa PIT sobre os dividendos (grossed-up)	Taxa líquida de tributação de pessoas singulares	Taxa de tributação Total = PIT + CIT	% cobrada via:	
									IRC	IRC
Bélgica	CL	34,0	151,5	100,0		15,0	15,0	43,9	77,4	22,6
Rep. Checa	CL	19,0	123,5	100,0	15,0	15,0	15,0	31,2	61,0	39,0
França	PIN	34,4	152,5	100,0		52,0	35,6	57,8	59,6	40,4
Alemanha	CL	30,2	143,2	100,0	26,4	26,4	26,4	48,6	62,1	37,9
Japão	MCL	39,5	165,4	100,0	10,0	10,0	10,0	45,6	86,7	13,3
Portugal	MCL	26,5	136,1	100,0	21,5	21,5	21,5	42,3	62,6	37,4
EUA	MCL	39,2	164,4	100,0		21,2	21,2	52,1	75,2	24,8

Notas: CL = Sistema Clássico PIN = Inclusão parcial MCL = Sistema clássico modificado (tratamento referencial) CIT= IRC PIT =IRS.
Fonte: OCDE, 2011 — http://www.oecd.org/dataoecd/26/51/33717596.xls

Nestes dois impostos, Portugal tem taxas elevadas, quando comparadas com países de baixa tributação, mas mesmo assim mais baixas do que as francesas, pelo que não temos nada a aprender com eles nesta matéria.

No entanto, o debate também trouxe para a ribalta a questão da tributação do património das grandes fortunas, referindo-se com frequência os casos de Belmiro de Azevedo e Américo Amorim.

Ora esses dois empresários são um bom exemplo dos desequilíbrios do nosso sistema fiscal. O primeiro terá declarado um rendimento anual de um milhão e cem mil euros, dos quais pagou ao Estado cerca de 500 mil euros em IRS. O segundo terá declarado um rendimento de apenas 250 mil euros dos quais teria pago em IRS cerca de setenta e cinco mil euros.

Esta disparidade parece chocante, mas pode não ter qualquer significado pois, como é sabido, quem é dono da própria empresa pode receber salários ou dividendos sobre os lucros da empresa consoante o regime fiscal que lhe seja mais favorável. No entanto, quem define as regras é o Estado.

Como ambos são bons gestores, provavelmente escolheram a melhor combinação de salários e dividendos de acordo com as regras em vigor. Por exemplo, como Belmiro de Azevedo detém apenas 50% das suas empresas, faz sentido fazer-se pagar uma remuneração elevada porque 50% dessa remuneração será paga pelos outros accionistas (pode dizer-se que foram eles a pagar parte do seu IRS). Pelo contrário, em geral, Américo Amorim detém participações mais elevadas nas suas empresas pelo que não tem vantagem em pagar a si próprio uma remuneração mais elevada.

Se estes incentivos, e outros relembrados pelo presidente da República como a ausência de tributação sobre as heranças, estão errados, cabe ao Estado corrigi-los. Por exemplo, para corrigir a injustiça criada pelo imposto extraordinário sobre o 13.º mês bastaria alargar esse imposto aos restantes rendimentos e, se necessário, baixar o limiar de rendimento a partir do qual se aplica a taxa máxima do IRS. Não de forma apressada no contexto de uma tributação adicional de emergência, mas no âmbito de uma reforma fiscal bem estudada e ponderada.

Atentados ao estado de direito em Portugal

Uma forma grave de injustiça resulta do desrespeito pelo princípio da igualdade perante a lei, indispensável a um estado de direito.

Recentemente a comunicação social noticiou duas dessas

violações frequentemente ignoradas, senão mesmo apoiadas, por muitos portugueses.

Num dia noticiou-se: «A Segurança Social penhora sete mil contas bancárias e no conjunto do ano, o Governo espera avançar com penhoras de vários tipos sobre 60 mil devedores. Realizada por via eletrónica, tem eficácia prática imediata. 'A regularização posterior de cada situação dependerá da resposta do devedor', explicou o ministério liderado por Helena André. Caso o contribuinte faltoso não avance qualquer resposta, 'os saldos cativos serão transferidos para o IGFSS [Instituto de Gestão Financeira da Segurança Social] em prazo não superior a 60 dias'.»

Esta prática típica dos salteadores — «disparar primeiro e perguntar depois» — replica uma prática semelhante também usada pela Administração Fiscal em Portugal.

Noutro dia (8/4/2010) os jornais diziam: «O Estado quer Luís Palha como CEO da Cimpor. Numa reunião ontem à tarde entre Fernando Faria de Oliveira, presidente da CGD, e o ministro das Finanças ficou definido que a Caixa vai indicar Luís Palha para presidente-executivo (CEO) da cimenteira, apurou o Diário Económico.» Assim, deixar-se-ia cair o nome de Francisco Lacerda, já acordado entre todos os acionistas para o lugar de CEO.

A notícia surpreendeu os acionistas privados que revelaram não caber à Caixa a escolha do CEO de uma empresa privada. O mérito relativo dos gestores em causa não é relevante para o problema. A questão essencial está em saber como é que a CGD, um banco público com uma participação questionável inferior a 10%, pode controlar as decisões de uma empresa privada cotada em bolsa.

A concretizarem-se, estas duas decisões constituem uma violação flagrante dos princípios do liberalismo constitucional e do capitalismo de mercado indispensáveis ao progresso do país. Porquê?

Não contesto que a Segurança Social possa seguir uma política de cobranças agressiva. Porém, a cobrança coerciva de dívidas, mesmo que reconhecidas pelo devedor, só deve ser decidida pelos tribunais. Não é preciso ser constitucionalista para se perceber isso. Imagine que qualquer credor era livre para ir a casa dos seus devedores e levar o que quisesse para saldar as suas dívidas.

Por exemplo, um construtor a quem uma câmara municipal não paga há meses ou anos, dirigia-se à CGD e pedia-lhe para congelar as contas da câmara até esta liquidar a sua dívida. Sendo todos iguais perante a lei, este construtor teria toda a legitimidade para o fazer. Mas se fosse prática corrente, cair-se-ia rapidamente na lei da selva.

Assim, um dos fundamentos do liberalismo constitucional é precisamente o respeito do princípio de um Estado de Direito que garante que todos, incluindo o Estado, são iguais perante a lei. É por essa razão que num Estado de Direito os governos não poderão fazer leis que lhes garantem privilégios que são negados aos restantes credores.

No caso da Cimpor também não se contesta que a CGD, enquanto acionista, possa aliar-se a outros acionistas para fazer eleger um CEO do seu agrado. Aqui, o que está em causa é o facto de a CGD ter adquirido a sua posição accionista de forma no mínimo questionável, senão mesmo ilegal, sob o ponto de vista da boa regulamentação dos mercados. Isto porque, como se sabe, os bancos não podem usar os títulos que lhes são confiados como garantia de empréstimos para exercer os respetivos direitos de voto. Estes continuam a pertencer aos seus legítimos titulares.

Dois dos fundamentos básicos do capitalismo de mercado são precisamente a proteção da propriedade privada e a distinção entre os direitos de um acionista e de um credor. Sem essa proteção não se pode avaliar os respetivos riscos e o investimento será seriamente afetado.

O facto de a CGD ter aparentemente usado o expediente de um *equity swap* ou de um acordo de recompra para esconder a natureza do crédito que concedeu ao grupo Investifino, não a iliba da suspeição de falta de transparência ou manipulação das normas bancárias sobre provisionamento. Se tais subterfúgios podem ser tolerados num banco privado, num banco público terão de ser repudiados.

Na verdade, estas duas operações não são apenas questionáveis ao nível dos princípios morais e da legalidade. Também têm custos diretos e indiretos muito significativos para o país.

Desde logo, num momento crítico para o crédito internacional do país, o desrespeito pelas regras de um Estado de Direito, e a interferência do Governo nas empresas, fazem aumentar o risco do nosso país. Consequentemente aumentarão também os *spreads* que todos teremos de pagar quando recorremos ao crédito.

De igual modo, ao recorrer a expedientes para ultrapassar a ineficácia dos tribunais, estamos a contribuir para que estes jamais se reformem. Criamos enormes injustiças entre os portugueses e tornamos as nossas empresas cada vez menos competitivas.

Também a violação das contas bancárias leva à fuga de capitais para o estrangeiro e ao aumento da economia paralela. Recorde-se que, em 2011, o Governo, de forma questionável, concedeu um perdão fiscal para tentar repatriar os capitais fugidos para o estrangeiro.

Como é previsível, sem proteção das contas bancárias no país e com a repetição periódica destes perdões, só não colocará as suas poupanças no estrangeiro quem não souber como ou não puder fazê-lo.

Como consequência, temos de pedir mais e cada vez mais caro ao estrangeiro. Teremos também de nos contentar em atrair os piores investidores estrangeiros que exigirão cada vez mais subsídios.

Finalmente, num período em que a bolsa de Lisboa teve umas das recuperações mais fracas depois do *crash* de 2008, o caso da Cimpor alarga ainda mais o leque de queixas que os investidores fazem sobre o mercado português.

Como se já não bastasse a tradicional acusação do nosso mercado ser muito permeável à manipulação por *insiders*, as nossas empresas terem estruturas acionistas pouco transparentes, com gestores que são mais políticos do que profissionais e modelos de governo societário pouco eficazes, os governantes ainda querem adicionar as práticas de intromissão governamental na escolha dos seus gestores.

Como consequência, o nosso mercado será cada vez menos líquido e mais especulativo, alternando entre períodos de estagnação e momentos breves de grande volatilidade que afastam os investidores de longo prazo.

Perante estas machadadas no nosso sistema financeiro, é pertinente perguntar: O que andam a fazer as entidades de regulação?

Quanto à violação dos princípios de um Estado de Direito, o Tribunal Constitucional parece desconhecer tais princípios, ou então anda tão ocupado com o casamento entre pessoas do mesmo sexo que não tem tempo para mais nada.

Já a entidade reguladora dos mercados — CMVM — que tinha estado bastante ausente na recente tentativa de OPA sobre a Cimpor, ainda não se pronunciou sobre a legalidade da posição detida pela CGD. Quanto ao Banco de Portugal, entidade responsável pela supervisão bancária em Portugal, continuou sobranceiramente a ignorar os riscos resultantes da participação excessiva dos bancos nas empresas não financeiras e a reconhecer formas de capital que de capital têm muito pouco, mas desconhece-se que tenha feito alguma coisa para prevenir as consequências de operações como aquelas a que a CGD recorreu.

Perante a passividade das entidades responsáveis por prevenir este tipo de problemas, não é de estranhar que a opinião pública tenha um défice de conhecimentos sobre a gravidade destas questões.

Resta-nos a comunicação social para assumir um papel mais ativo na eliminação desse défice, discutindo estas violações de forma esclarecida, sem dogmas, tibiezas ou medo de ferir as suscetibilidades do poder político ou económico.

Porém, nos últimos tempos, alguns responsáveis políticos pela má governação em Portugal têm vindo a tentar instalar o medo com o argumento falacioso de que a discussão pública de tais práticas contribui para denegrir a imagem do país e afastar os investidores estrangeiros.

Ora, desde quando o encobrir dos erros contribui para a sua correção? Antes pelo contrário, o dever cívico de todos quantos se preocupam com o futuro do país é apurar os porquês do que está mal no nosso regime político-económico e avançar com alternativas, não se limitando a carpir repetidamente sobre os nossos males.

Não agravem mais o sentimento de injustiça

O sentimento generalizado de injustiça é um dos principais problemas em Portugal. Os três fatores que mais contribuem para a crescente desmotivação dos portugueses são:

a) A falta de perspetivas para o futuro;
b) A perceção de que são sempre enganados pelos políticos; e
c) O sentimento de injustiça na repartição dos sacrifícios necessários para sair da crise.

O último é frequentemente expresso através do dito popular «são sempre os pequeninos a pagar».

Como costumo ensinar aos meus alunos, qualquer programa de ajustamento macroeconómico, para ter sucesso, precisa de ter uma rede de proteção para os mais vulneráveis e repartir os custos do ajustamento de uma forma justa. Isto é, deve penalizar primeiro os que mais beneficiaram das políticas que levaram ao descalabro financeiro e repartir os restantes custos com um sentido visível de justiça.

A rede de proteção aos mais vulneráveis, apresentada pelo ministro da Solidariedade e Segurança Social através do chamado Programa de Emergência Social, visa apoiar cerca de um terço dos portugueses e terá uma dotação anual de 400 milhões de euros. Parece pouco, mas esperemos que seja suficiente.

Quanto à penalização dos beneficiários pelo descalabro financeiro ainda não vimos qualquer medida. Pior ainda, tivemos vários sinais preocupantes em sentido contrário, de que destacamos apenas dois exemplos.

O ministro da Economia continua a passear-se vaidoso e ufano rodeado dos mesmos dirigentes empresariais que desde 1986 têm desbaratado os milhares de milhões de euros em subsídios recebidos da União Europeia. Mais, afirmou recentemente no *Financial Times*[1] que os produtores de energia eólica (que desde 2005 já beneficiaram com mais de 7,5 mil milhões de euros de subsídios) não teriam os seus contratos renegociados.

Quanto ao ministro das Finanças, deixou que as empresas oligopolistas onde o Estado detinha direitos preferenciais (por exemplo, PT e EDP) cancelassem esses direitos sem compensação ao Estado. Quando precisou de recorrer a receitas extraordinárias para tapar o chamado buraco orçamental de 2011 recorreu a medidas sem grande preocupação de justiça.

Por exemplo, o imposto extraordinário sobre os rendimentos do trabalho (vulgarmente conhecido por corte do 13.º mês) deixou de fora os juros e dividendos. Aumentou o IVA de bens essenciais

---

[1] http://www.ft.com/intl/cms/s/0/edcc2e94-bf63-11e0-9f30-00144 feabdc0.html#axzz1VM4hoANi

como a eletricidade e o gás de 6% para 23%, mas deixou de fora muitos bens supérfluos (ainda que simbólicos) atualmente no escalão dos 6% (por exemplo, o golfe). Finalmente, satisfazendo uma reivindicação antiga dos bancos, aceitou comprar os fundos de pensões dos bancos que foram dos principais responsáveis pela crise. Também o aumento do número de administradores da CGD, ainda que insignificante em termos de custos, deixa a imagem de que os sacrifícios são só para uns enquanto as mordomias dos outros continuam.

Todas estas posições e decisões levam muitos dos que depositaram a sua esperança no novo governo a pensar que afinal temos mais do mesmo.

Era pois indispensável que o governo arrepiasse caminho. Sobretudo quando os falados aumentos de impostos e o corte da despesa em 9% irão provavelmente causar a maior recessão jamais vivida em Portugal.

Se os sacrifícios não forem explicados e repartidos com justiça (tal como atrás sugeri) corremos o risco de agravar o sentimento de injustiça ao ponto de romper a tradicional resignação e pacifismo dos portugueses. Adicionar a uma grave crise económica, uma crise de ordem pública seria desastroso para o país.

Continuo a acreditar que o primeiro-ministro e o ministro das Finanças são pessoas sensatas e justas que tentarão inverter esta tendência para o abismo da injustiça. Contudo, parafraseando o dito sobre a mulher de César, «a sua determinação em restabelecer o sentido de justiça entre os portugueses tem de estar acima de qualquer suspeita».

9.

SOCIEDADE

Neste capítulo sobre aspetos sociais selecionei alguns problemas transversais à sociedade portuguesa, que necessitam de ser debatidos de forma esclarecida e aberta. Começo com o problema da existência de grupos de interesses com um poder reivindicativo excessivo. De seguida analiso a distribuição desigual da riqueza e o sentimento generalizado de inveja relativamente aos empresários bem-sucedidos, por mérito próprio, sem ser à sombra do governo, enquanto se aceitam de braços abertos investidores estrangeiros oriundos de países com reputação duvidosa. Alguns problemas afetam também a cultura portuguesa e são ilustrados nos ensaios sobre a arquitetura de regime e as limitações crescentes enfrentadas pelos jornalistas portugueses.

Protesta quem pode ou quem precisa?

O declínio na influência e representatividade dos sindicatos levou a que estes hoje apenas estejam ativos em setores charneira da economia e no setor público.

Deste modo, com um grau de fiabilidade razoável, podemos identificar as classes profissionais mais privilegiadas contando o número de greves e manifestações que estas realizam. Entre estas destacam-se os trabalhadores dos transportes, os polícias e os profissionais de saúde.

Com a crise que o país atravessa e os sacrifícios que estão a ser pedidos à classe média e aos mais desfavorecidos, não deixa de causar perplexidade a contestação imoderada de alguns dos profissionais privilegiados.

Ainda recentemente, numa manifestação de polícias, um dos manifestantes reclamava contra o atraso no pagamento dos serviços extra, pagos pelos privados à polícia. Num país onde as forças de segurança asseguram «biscates» aos seus agentes, em concorrência com as seguranças privadas, não deixará de chocar os milhares de trabalhadores com salários em atraso que os polícias façam greve por um simples atraso no pagamento de serviços extra prestados fora da sua função policial.

Esta tendência não é exclusiva de Portugal e está a ocorrer um pouco por toda a Europa.

No entanto, entre nós é agravada pelo facto de a maioria dos sindicatos ser usada pelo Partido Comunista para causar agitação social e perpetuar artificialmente os conflitos laborais.

Um caso evidente é o do sindicato dos professores (FEN-PROF), que persistiu em convocar greves e manifestações para protestar contra o regime de avaliação apesar de a maioria dos professores considerar razoável a proposta do governo.

A inversão desta tendência terá de ser feita através de uma melhor regulação que limite o poder dos sindicatos nos setores charneira e protegidos da concorrência e reforce o seu papel nos setores mais desfavorecidos.

Os próprios sindicatos deviam ser os primeiros a propor um maior reequilíbrio na relação de forças entre os diversos setores

profissionais em vez de se acantonarem nos setores privilegiados, remetendo a proteção dos mais desfavorecidos para a legislação geral que, numa economia global competitiva, terá de ser
necessariamente minimalista.

Os ricos em Portugal e na América

Um estudo recente[1] sobre o impacte de uma taxa única na tributação do rendimento, tal como propõe o governador Rick Perry,
um dos candidatos à nomeação presidencial do Partido Republi-
cano nos Estados Unidos, lança novos elementos sobre a velha
questão de saber quem são os ricos.

Como afirmo adiante, existe hoje uma tendência para considerar como ricos apenas 1% dos contribuintes com maior rendimento. Com base nesse critério, em 2009 existiam em Portugal
perto de 52 mil famílias nesse grupo com um rendimento anual
superior a 100 mil euros. Entre estas, cerca de 3700 tiveram um
rendimento anual superior a 250 mil euros (isto é, 17 850 euros
mensais, se considerarmos 14 meses). Estas famílias constitui-
riam o grupo dos 0,1% mais ricos, ou super-ricos, que são popu-
larmente identificados como os «milionários».

O estudo citado sobre os Estados Unidos analisa detalhadamente os mais abastados, definidos como aqueles que estão no
quinto quintil de rendimento, isto é, os 20% mais ricos e que seriam os mais beneficiados com uma taxa única. Nos Estados Unidos, o rendimento anual mais baixo nesse grupo é de 119 mil dólares enquanto no grupo dos 5% mais ricos começa nos 242 mil
dólares. Já no grupo dos famigerados 1% começa nos 630 mil

---

[1] http://taxpolicycenter.org/numbers/displayatab.cfm?Docid=3226&
DocTypeID=2

dólares e o dos 0,1% «super-ricos» começa nos 2,87 milhões de dólares.

Comparando, constatamos que nos Estados Unidos o mais pobre dos super-ricos ganha 4,5 vezes mais do que o mais pobre dos ricos enquanto em Portugal o mesmo rácio é de 2,5 vezes.

Se compararmos também o rendimento relativo entre o mais pobre dos 5% mais ricos (6% no caso de Portugal) e os mais pobres entre os 20% mais abastados (17% em Portugal) constatamos que o rácio na América é de 2,0 e em Portugal é 1,8.

Isto é, em Portugal a desigualdade entre os membros da chamada classe média alta (entre os 17% e os 6%) é maior ou semelhante à dos Estados Unidos, mas a desigualdade entre os ricos e super-ricos é bastante menor.

Pode haver várias explicações para este diferencial, nomeadamente ser mais fácil ocultar rendimento em Portugal, termos empresas mais pequenas, menos artistas, etc., mas não é fácil identificá-las.

Por exemplo, seria curioso saber as razões de tal diferença entre ricos e super-ricos, nomeadamente quanto à origem dos rendimentos de cada grupo. Isto porque o reconhecimento social dos super-ricos é muito diferenciado de acordo com a origem dos seus rendimentos.

Ao dividir o grupo em três categorias — rendimentos de capital, rendimentos de comissões e rendimentos de trabalho — constata-se que os rendimentos de comissões (nomeadamente sobre *bestsellers* na música, literatura, arte, desporto, vendas, etc.) não são muito questionados. No entanto, os rendimentos de capital são quase sempre considerados injustamente como parasitários, ignorando-se o seu retorno efetivo e a sua contribuição para a criação de emprego. Quanto aos rendimentos do trabalho, em particular no setor financeiro, são muitas vezes obtidos com base numa partilha dos ganhos, mas não das perdas, pelo que poderão ser menos merecidos do que os do capital.

Por isso, em Portugal, não existindo informação sobre a origem e natureza dos rendimentos dos super-ricos, é fácil cometer injustiças na apreciação do mérito relativo do seu rendimento.

Quem é rico em Portugal?

Quando toca a pagar impostos ninguém se considera rico. Mas afinal quem é rico em Portugal? Essa classificação não é fácil, porque podemos usar três critérios fundamentalmente diferentes — os gastos, o património e o rendimento — que dão certamente resultados muito diferentes.

Na medida em que o Ministério das Finanças só publica dados sobre os rendimentos, e estes são reportados por agregado familiar independentemente do número de membros, terei de os usar para classificar os portugueses ricos. Assim, apenas preciso de definir o limiar a partir do qual uma família é considerada rica.

Geralmente, consideram-se como ricos os 20%, 10%, 5% ou 1% com maior rendimento, dependendo do grau de generosidade que se queira usar. Pessoalmente, prefiro usar o critério dos 5%. Porém, como os dados do Ministério das Finanças usam escalões de rendimento em vez de percentuais, classifico como ricas apenas as 52 036 famílias (isto é 1,12% do total das famílias) que declararam em 2009 mais de 100 mil euros de rendimento anual.

Agora já sabe, se em 2009 declarou mais de 100 mil euros de rendimento então está entre os mais ricos e pode comparar o seu rendimento com o dos restantes contribuintes reportados na tabela seguinte.

Mapa 31 — Total de Declarações por Escalões de Rendimento
Número de Agregados

	Modelo 3					
	2007	%	2008	%	2009	%
0 - [0]	34 335	0,77%	34 481	0,75%	41 946	0,90%
01-[1 a 5000[	638 130	14,30%	600 355	13,01%	592 133	12,72%
02-[5000 a 10 000[	1 275 018	28,56%	1 330 4421	28,82%	1 331 141	28,60%
Sub-total (0+01+02)	1 947 483	43,63%	965 278	42,58%	1 965 220	42,23%
03-[10 000 a 13 500[	629 008	14,09%	654 192	14,17%	656 511	14,11%
04-[13 500 a 19 000[	639 824	14,33%	670 032	14,52%	672 564	14,45%
05-[19 000 a 27 500[	516 753	11,58%	550 492	11,93%	562 355	12,08%
06-[27 500 a 32 500[	166 404	3,73%	176 099	3,82%	182 739	3,93%
07-[32 500 a 40 000[	157 729	3,76%	179 406	3,89%	183 665	3,95%
08-[40 000 a 50 000[	140 076	3,14%	147 866	3,20%	151 519	3,26%
09-[50 000 a 100 000[	207 776	4,65%	220 818	4,78%	227 505	4,89%
10-[100 000 a 250 000[	44 582	1,00%	47 614	1,03%	48 300	1,04%
11-[250 000 a ***[	4055	0,09%	4051	0,09%	3736	0,08%
Sub-total (10+11)	48 637	1,09%	51 665	1,12%	52 036	1,12%
Total Mod.3:	4 463 690	100,00%	4 615 848	100,00%	4 654 114	100,00%

Fonte: DGCI/DGITA

No entanto, sentir-se rico, ou não, é muito relativo. Por exemplo, o mais pobre entre os ricos considera-se pobre ou remediado quando comparado com o mais rico dos ricos. De facto, se ganhar apenas 100 mil euros e pensar no milhão e meio declarados por Ricardo Salgado não se sentirá rico; tal como Américo Amorim, o português mais rico, com uma fortuna estimada em 2 mil milhões de dólares, não se sente rico quando comparado com Warren Buffett cuja fortuna é 40 vezes maior.

Quando analisamos na tabela seguinte o quanto pobres e ricos pagam em impostos sobre o rendimento constata-se que, entre as 1,9 milhões de famílias mais pobres (42,5% do total), apenas uma pequena parte paga impostos sobre o rendimento e que, no total, colaboram com menos de 0,7% para o total da receita, enquanto os 52 mil ricos contribuem com 28,3%.

Total das Declarações com IRS Liquidado

Número de Agregados | Val. Liquidados, Milhões de €

Escalão Rend. Bruto (€)	2008	%	2009	%	2008	%	2009	%
0 - [0]	1831	0,09%	2280	0,11%	1	0,02%	2	0,02%
01-[1 a 5000[	52 323	2,54%	56 876	2,83%	9	0,11%	10	0,12%
02-[5000 a 10 000[	246 027	11,93%	208 883	10,40%	53	0,64%	44	0,54%
Sub-total (0+01+02)	300 181	14,56%	268 039	13,35%	64	0,77%	56	0,69%
03-[10 000 a 13 500[	241 087	11,69%	230 135	11,46%	105	1,26%	91	1,12%
04-[13 500 a 19 000[	328 546	15,94%	311 339	15,51%	269	3,24%	249	3,06%
05-[19 000 a 27 500[	423 781	20,55%	413 023	20,57%	640	7,71%	613	7,53%
06-[27 500 a 32 500[	170 464	8,27%	173 997	8,67%	447	5,38%	439	5,39%
07-[32 500 a 40 000[	177 889	8,63%	181 025	9,02%	718	8,65%	705	8,65%
08-[40 000 a 50 000[	147 493	7,15%	150 933	7,52%	895	10,78%	884	10,85%
09-[50 000 a 100 000[	220 624	10,70%	227 315	11,32%	2788	33,58%	2803	34,40%
10-[100 000 a 250 000[	47 588	2,31%	48 280	2,40%	1735	20,90%	1735	21,30%
11-[250 000 a ***[	4049	0,20%	3735	0,19%	640	7,71%	571	7,01%
Sub-total (10+11)	51 637	2,50%	52 015	2,59%	2375	28,61%	2306	28,31%
Total Dec. Modelo 3	2 061 702	100,00%	2 007 821	100,00%	8301	100,00%	7148	100,00%

Fonte: DGCI/DGITA

No entanto, comparando com outros países, constatamos que em Portugal os mais ricos ainda pagam uma percentagem inferior dos impostos sobre o rendimento.

Contudo, o que é chocante entre nós é o esforço exorbitante que é pedido à classe média-alta (com rendimentos anuais entre 50 e 100 mil euros). Estas 227 mil famílias (4,9% do total) pagam 34,4% do total dos impostos arrecadados (isto é, contribuem com mais 21% do que os 52 mil ricos). Estas famílias são as verdadeiras vítimas do nosso sistema fiscal.

Num país pobre como o nosso, a maioria dos ricos também é «relativamente» pobre. Por isso, muitos dos nossos políticos, da esquerda à direita (por exemplo, Mário Soares do PS, o meu homónimo Marques Mendes do PSD e Lobo Xavier do CDS), que na ocasião se manifestaram contra o adicional extraordinário para o escalão mais elevado do imposto sobre o rendimento, ou são demagogos ou desconhecem a nossa realidade.

Na realidade, os portugueses ricos não são apenas a meia dúzia de bilionários do imaginário popular. De facto, o adicional sobre o escalão mais elevado só pecou pela sua timidez, pois os 153 mil euros da taxa máxima afetada abrangem apenas uma pequena fração das 52 mil famílias (1,12%) com rendimento mais elevado em Portugal.

Américo Amorim, trabalhador e bilionário!

As televisões portuguesas, num exemplo típico de mau jornalismo, entrevistaram recentemente quatro milionários portugueses sobre a iniciativa dos milionários franceses que propuseram um imposto extraordinário sobre as suas fortunas para ajudar o país a sair da crise. Concluíram (pasme-se...), que os milionários portugueses estavam divididos sobre a questão com base em declarações de Américo Amorim que terá dito: «Eu não me considero rico, eu sou um trabalhador.»

Seguiram-se declarações inflamadas de dirigentes sindicais e de dirigentes do Bloco de Esquerda indignados por o homem mais rico de Portugal se ter considerado um trabalhador.

Ora não existe qualquer relação entre uma situação e a outra. Há ricos que trabalham e outros não, assim como há pobres que trabalham e outros não. Numa sociedade diversificada nós temos pessoas que gostam sobretudo de trabalhar, outras que gostam apenas de gastar, outros que desejam ostentar os seus gastos supérfluos e ainda alguns que gostam tanto de ganhar como de gastar.

Em alguns países acontece que os detentores das maiores fortunas são precisamente aqueles que mais gostam de trabalhar e de viver modestamente. Nos Estados Unidos, entre os exemplos destacados deste tipo de personalidades, temos os casos de Bill Gates e de Warren Buffett. Também em Portugal, os empresários que acumularam as maiores fortunas — Américo Amorim, Belmiro de Azevedo e Soares dos Santos — são do tipo «trabalhadores e poupadinhos».

É evidente que existem diferenças na forma como cada um se relaciona com a sociedade e os cronistas sociais, mas isso são questões de estilo pessoal. Enquanto Belmiro de Azevedo tem dedicado uma parte significativa do seu tempo a promover a educação dos jovens quadros e Soares dos Santos criou uma fundação com fins culturais, Américo Amorim tem mantido um *low-profile* em matéria de intervenção pública talvez porque tem mais negócios em indústrias sujeitas a regulação.

O estereótipo segundo o qual um capitalista é uma pessoa de lazer, que vive de rendas, e que considera o trabalho como algo indigno do seu estatuto, que deve ser deixado aos subalternos, está hoje tão ultrapassado como a ideia que um dirigente sindical é necessariamente um operário.

Com que direito um dirigente sindical que passa o dia em reuniões e manifestações se considera a si próprio trabalhador enquanto chama parasita a um empresário que tem de coordenar centenas de empresas que empregam milhares de trabalhadores? No final do dia qual contribuiu mais para a riqueza da sociedade?

Em resumo, a tributação ou não do património não pode ter como objetivo castigar os ricos, optem estes por uma vida de lazer ou de trabalho.

O estado da nação: iraniano cria SAD do Beira-Mar

Em assembleia-geral, 302 sócios do Beira-Mar aprovaram por maioria a criação de uma SAD controlada por um investidor iraniano — de seu nome Majid Pishyar. Em princípio não sou contra o investimento estrangeiro no futebol.

No entanto, quando se trata de investidores oriundos de países pobres e sujeitos a sanções das Nações Unidas, a simples prudência dita que se confirme as motivações de tais investidores. Em particular quando se trata de um setor — futebol — que muitas vezes atrai indivíduos de reputação duvidosa e que tem sido usado para branqueamento de capitais.

Não conheço o senhor Pishyar, mas uma simples pesquisa no Google diz-me que se trata de um empresário ligado ao regime de Teerão, com investimentos imobiliários no Dubai, e que já comprou vários clubes de futebol.

Em 2004 comprou um clube austríaco — *FC Trenkwalder Admira Wacker Mödling* — deixando o clube num desastre financeiro quando o abandonou em 2008 para comprar um outro clube, desta vez na Suíça — o *Servette Football Club* de Genebra, com a promessa ainda não cumprida de o fazer chegar ao topo da divisão. Chegou agora a vez do Beira-Mar com promessas idênticas.

Desde que a Câmara Municipal de Aveiro deixou de pagar a quase totalidade do plantel do clube, o Beira-Mar deixou de ter qualquer viabilidade financeira, uma vez que somente nos jogos com o Benfica e Porto consegue ter mais de 2000 espetadores no estádio. A questão que se coloca então é: o que leva um empresário experiente a comprar um clube falido e com prejuízos recorrentes?

Se fosse na sua própria terra, poderia pensar-se que era para obter reconhecimento social. Em Portugal só pode ser por outras razões. Uma das razões frequentes é a obtenção de favorecimentos no licenciamento de empreendimentos imobiliários, mas no estado em que o setor se encontra é duvidoso que os investidores estrangeiros precisem desse tipo de expediente para convencer os autarcas. Restam razões mais obscuras, como a fuga às sanções contra o Irão e o branqueamento de capitais.

Ainda recentemente o Departamento de Estado americano voltou a classificar Portugal como um país de risco médio em matéria de branqueamento de capitais[1].

Não me compete fazer juízos de valor ou averiguar as reais intenções do investidor em causa e a sua legitimidade. Mas, nestas circunstâncias, exige-se das autoridades locais uma maior transparência nas relações que mantêm com tais investidores e das autoridades nacionais espera-se uma vigilância redobrada em matéria de práticas ilegais. Se se provar que esses cuidados foram desnecessários tanto melhor, incluindo para o visado.

De outro modo, o país transformar-se-á rapidamente numa espécie de Venezuela.

A «arquitetura de regime» é quase sempre feia

De acordo com as minhas preferências estéticas, as obras arquitetónicas de regime em Portugal ilustram uma tendência generalizada para a falta de beleza. As obras dos regimes de capitalismo de Estado pré e pós-25 de Abril têm aliás a particularidade de usarem a mesma estrutura básica — o cubo.

O uso e abuso do «caixote» pelos dois regimes está bem patente nesta fotografia das instalações do Instituto Superior Técnico em Lisboa.

O Salazarismo usava cubos de paredes sólidas como símbolo da firmeza, poder e sobriedade. O Socia-

---

[1] A classificação de Portugal pode ser consultada em: http://www.know-yourcountry.com/portugal1111.html.

lismo usa cubos com paredes finas ou de vidro como símbolo de ligeireza, indolência e facilitismo.

Na verdade, ambos receiam a complexidade de formas mais abstratas e variadas usadas por pessoas mais sensíveis, subtis e criativas.

Salvo raras exceções, as obras de ambos os regimes são feias e repetitivas.

A explicação para esta pobreza arquitetónica reside na própria natureza «controladora» desses regimes, isto é:

a) Abominam a diversidade;
b) Enaltecem a réplica das preferências do chefe;
c) Privilegiam o compadrio entre os amigos da mesma escola arquitetónica;
d) Têm medo do estrangeiro, embora venerem os seus mentores externos;
e) Ostracizam a iniciativa privada; e
f) Criam falsos génios artísticos e líderes para perpetuar a estética do regime.

Como o Estado é responsável pela construção da maior parte dos edifícios de relevo arquitetónico, é indispensável debater a forma como deve selecionar os seus arquitetos.

Por exemplo, porque não fazer primeiro um concurso público da ideia/desenho prévio e depois entregar o projeto de arquitetura a quem apresentar a melhor proposta para executar o desenho selecionado? Porque não impor um limite ao número de projetos a realizar pelo mesmo arquiteto ou escola artística?

Para além destas ideias, existem muitas outras formas de promover a criatividade e a diversidade artística em Portugal. Aceitam-se sugestões.

Finalmente, e não menos importante, deixem os privados escolher os estilos que quiserem, sejam narcisistas, emigrantes, estrangeirados, ou eruditos. Com a diversidade, a qualidade acabará por se impor e a perenidade das obras será julgada pelas gerações futuras.

Os problemas do jornalismo em Portugal

Ao ouvir as notícias sobre uma nova empreitada ganha pela Martifer no Brasil fiquei perplexo com a baixa qualidade do jornalismo atual.

Um canal televisivo dava a notícia como se a empresa tivesse sido especialmente escolhida para construir o estádio onde irá ter lugar a final do Mundial de Futebol. Outro noticiava que a empresa tinha ganho o concurso para a construção de um dos doze novos estádios a construir, concretamente o da Bahia. Finalmente, um terceiro referia que a empresa tinha assinado um contrato com o consórcio Odebrecht OAS para a construção das infra-estruturas metálicas do estádio da Bahia. Apenas a última deu uma versão verdadeira da dimensão do negócio. As restantes, porventura na busca de sensacionalismo, fizeram um empolamento enganador da notícia.

Infelizmente não é caso único, nem mesmo o pior. Frequentemente, ouvimos nos telejornais referências a declarações chocantes de diversas personalidades ou a eventos extraordinários, mas quando de seguida ouvimos as respetivas reportagens ou declarações constatamos que foi dito exatamente o contrário, ou que a declaração foi tirada do seu contexto deturpando o sentido geral da opinião expressa pelas pessoas em causa.

A que se deve esta falta de credibilidade de algum jornalismo português? Será por falta de liberdade ou por incompetência?

Por incompetência não devia ser. Num país onde proliferam os cursos de comunicação social, espera-se que os alunos aprendam pelo menos a diferença entre jornalismo e comunicação e que saibam distinguir uma notícia de uma opinião e de um anúncio publicitário.

A liberdade de informação é indispensável em qualquer sistema democrático. Mas a liberdade tem de ser assegurada de múltiplas formas, desde a proteção contra perseguições judiciais e extrajudiciais até à proteção das respetivas fontes. Formalmente, essas garantias estão asseguradas em Portugal, apesar do lamentável caso das escutas ocorrido recentemente. Existe no entanto um outro tipo de liberdade que também é importante.

Refiro-me à liberdade económica. Esta tanto pode ser posta em causa por uma concorrência desenfreada por títulos sensacionalistas para atrair audiências (muitas vezes falsos ou especulativos), como pode ser inibida por submissão às exigências de anunciantes pouco escrupulosos. Ou pode ainda resultar da necessidade de recorrer a atalhos enganadores por falta de meios humanos e materiais para procurar ou averiguar a credibilidade das notícias.

A crise financeira por que passa a maioria dos órgãos de comunicação social dependentes da publicidade torna o jornalismo português particularmente vulnerável à falta de liberdade económica.

Nestas circunstâncias, os jornalistas são uma presa fácil das empresas de relações públicas que, através deles, podem manipular sub-repticiamente a opinião pública. Entre nós, esta atividade ainda é pouco conhecida ou é confundida com a publicidade. Mas a sua identificação e regulamentação é indispensável para melhorar o jornalismo em Portugal.

10.

REFORMS

PORVENTURA, este capítulo devia ser intitulado reformas insuficientes, mínimas, ineficazes ou cosméticas. Na verdade não analiso aqui as reformas estruturais que importa fazer, mas sim as reformas iniciadas recentemente de forma errática, tímida e ineficaz. Começo por mostrar como o governo resolveu de forma ambígua e precipitada o problema das chamadas *Golden Shares* e a forma insensata como está a promover fusões em vez de extinções de empresas e serviços. De seguida questiono a política de renegociação das parcerias público-privadas. Depois analiso a política de reduzir chefias em vez de serviços e a insensatez de impor a obrigatoriedade de estágios remunerados. De seguida mostro que, no ensino, medidas «politicamente corretas» como o combate ao abandono escolar apenas servem para ocultar as deficiências do nosso sistema de ensino secundário. Concluo, abordando os prós, e contras, das vias reformista e revolucionária para uma mudança de regime em Portugal.

Golden Shares: Primeiro teste a Passos Coelho

Ainda o novo Governo não tinha tomado posse e já os *lobbies* contra as medidas acordadas com a troika vinham a terreiro. Começaram por tentar evitar o fim das chamadas *golden shares* (ações com privilégios especiais para certos acionistas, no caso o Estado).

Num inquérito a alguns destacados gestores nacionais, publicado no *Diário de Noticias* (12/6/2011) apenas um (António Carrapatoso) tomou uma posição correta ao afirmar: «*golden shares* só se justificam em casos excecionais e transitoriamente». Os restantes utilizaram os habituais argumentos descabidos sobre setores estratégicos, centros de decisão e interesse nacional. Nomeadamente o Presidente da CIP (António Saraiva) que afirmou: «O fim das *golden shares* pode conduzir à saída dos centros de decisão, saindo também com eles a capacidade de influenciar a estratégia de empresas-chave para o interesse nacional.»

Se hoje ainda existirem ingénuos que acreditam na tolice do «interesse estratégico nacional», basta relembrar o caso recente da venda da Vivo pela PT. Apesar de o Estado ter uma *golden share* na PT, que utilizou para interferir no processo negocial da Vivo, não a utilizou para impedir a empresa de montar uma estratégia de planeamento fiscal que lhe permitiu não pagar impostos no maior ganho de mais-valias jamais realizado no nosso país.

Sob o ponto de vista liberal, a possibilidade de as empresas cotadas em Bolsa poderem emitir ações reservadas a alguns acionistas e com privilégios especiais bem como a celebração de acordos para sociais com efeito equivalente, levanta o problema de compatibilizar o princípio da livre concorrência com o direito de associação. No caso da União Europeia, privilegiou-se o primeiro princípio ao proibir as *golden shares*, embora com fundamentos algo duvidosos. Por exemplo, no caso da Energias de Portugal, o Tribunal de Justiça Europeu condenou Portugal invocando a criação de restrições injustificáveis à livre circulação de capitais.

Numa perspetiva libertária poderá argumentar-se contra a regulamentação do tipo de ações e formas de associação consideradas legítimas. Nesta perspetiva, o próprio mercado se encarregará de resolver esse problema, penalizando as empresas que recorrem a essas práticas. Porém, trata-se de uma visão quiçá tão ingénua como a do chamado «interesse nacional».

No entanto, outras soluções intermédias podem ser adotadas pelas próprias bolsas de valores. Por exemplo, criando um mercado específico para negociação dos títulos das empresas com esse tipo de ações e contratos para sociais. Deste modo os investidores nesses títulos já não poderão invocar desconhecimento sobre o risco de práticas de conluio entre acionistas.

Qualquer que seja a solução adotada para conciliar os dois princípios, o que não se pode ignorar é que os grupos restritos de investidores se formam sempre para defesa de interesses específicos e nunca do interesse coletivo ou nacional. A máxima de Adam Smith sobre esta tendência continua hoje tão atual como no passado.

A patranha das fusões

Uma verdadeira reestruturação empresarial que limite a oligopolização do país precisa mais de cisões do que de fusões. No entanto, os governos persistem na ideia de reestruturar os serviços e empresas públicas através da concentração. Na verdade, o atual Governo parece determinado em seguir as pegadas do anterior. Sócrates, para esconder o despesismo socialista, recorreu às famigeradas PPP, chegando mesmo a contabilizar os empréstimos como receitas. Passos Coelho, para esconder a incapacidade de reduzir a despesa pública, está a recorrer às fusões de organismos e empresas.

Contrariamente à extinção ou às privatizações, as fusões não reduzem de forma significativa a despesa pública. As fusões só se justificam por razões operacionais ou financeiras. As primeiras quando existem poupanças ou sinergias significativas entre as atividades a integrar, e as segundas quando existem oportunidades de mercado para arbitragem ou valorização dos títulos através da consolidação de empresas distintas.

Como os organismos e empresas públicas não estão no mercado, as razões financeiras que justificam as fusões não existem ou são pouco relevantes. Por exemplo, uma eventual melhoria do *rating* de crédito da empresa pública resultante da fusão só ocorrerá se uma das entidades a consolidar tiver um grau de alavancagem baixo.

O exemplo da Carris e do Metropolitano é paradigmático do desequilíbrio financeiro das duas empresas públicas (o caso dos STCP e Metro do Porto ainda é pior). Em 2009, o metropolitano estava em situação de falência técnica, com um passivo total que superava os ativos da empresa em mais de 330 milhões de euros. Apresentou ainda um prejuízo líquido de quatro cêntimos por cada euro de ativos. No mesmo ano, a Carris estava igualmente em situação de falência técnica com um passivo que excedia o total de ativos em mais de 730 milhões de euros, tendo ainda acumulado um prejuízo líquido de 24 cêntimos em cada euro de ativo. A simples consolidação destas duas empresas cria uma nova empresa com uma descapitalização superior a 1300 milhões de euros e a perder mais de cinco cêntimos por ativo. Como é óbvio a nova empresa dificilmente poderá melhorar o seu *rating*.

Quanto às motivações operacionais, estas só são válidas se existirem poupanças decorrentes da existência de serviços duplicados ou de ganhos obtidos através da captação de novos clientes. A nova empresa só conseguirá atrair mais passageiros se for capaz de competir melhor com os restantes concorrentes (no caso, os táxis e o transporte privado). Como a concorrência intermodal é mais eficaz quando envolve operadores diferentes não antecipamos qualquer vantagem operacional na fusão dos autocarros com o metro. Pelo contrário, iremos assistir à prática monopolista de reduzir a oferta e de aumentar as tarifas.

Quanto ao potencial de reduzir custos operacionais, basta pensar que não é possível alterar as carreiras do Metro nem pôr os condutores de autocarros a conduzir comboios e vice-versa para perceber que as vantagens operacionais são negligenciá-veis. No entanto, os riscos de agravamento dos custos laborais são muito significativos. Na impossibilidade de reduzir pessoal, uma harmonização das remunerações será sempre feita por cima através do aumento e não da diminuição dos salários. Mais ainda, existe um risco sério de agravar os problemas de gover-nação já existentes no setor público empresarial. É fácil imaginar que os *boys* do PSD vejam nestas consolidações uma oportuni-dade para desalojar os do PS, mas isso é apenas uma mudança de «moscas» que em nada melhora a governação das empresas públicas.

A reflexão séria para que urge despertar o país deve ser sobre o contributo das fusões para a diminuição da despesa pública e para o aumento da concorrência. Esperemos que o ministro das Finanças e a Autoridade da Concorrência estejam atentos aos cus-tos e à perda de competitividade resultantes das fusões e impe-çam mais este disparate.

Renegociar ou nacionalizar as Parcerias Público--Privadas?

As parcerias público-privadas (PPP) foram um desastre a dois níveis — ficaram desastrosamente caras e serviram para ocultar o despesismo que levou à crise da dívida soberana portuguesa. Infelizmente, a despesa está feita e não se pode desfazer, há que pagar a irresponsabilidade dos nossos governantes.

No entanto, o seu custo ainda pode ser parcialmente reduzido renegociando as rendas por vencer, nacionalizando as concessionárias ou transformando-as em concessão plena. Qual destas opções é a melhor solução?

Antes de responder à questão, convém relembrar porque foram as PPP um desastre financeiro. Em termos simples, o que aconteceu foi que os Governos, em vez de pedirem emprestado no mercado às taxas de juro da época (por exemplo, 4% a 30 anos), optaram por contratar a construção e exploração de estradas, hospitais, etc., a privados, prestando-lhe garantias e assegurando-lhes uma remuneração anual de cerca de 11% por 30 anos. Uma margem financeira desta grandeza era quase um negócio da China para as construtoras e bancos que tivessem o cuidado de fazer o *hedging* do risco da taxa de juro.

A margem era de tal modo generosa que as construtoras até podiam abusar das tradicionais derrapagens nos preços de construção sem que os seus sócios nas empresas concessionárias (os bancos financiadores) protestassem. Tal só foi possível porque o risco do projeto seria habilidosamente transferido para o Estado através de sucessivas renegociações dos contratos.

Porém, o maior atrativo do negócio não está nos dividendos, mas sim no grau de alavancagem usado na estrutura de financiamento dos projetos. A estrutura de financiamento utilizada permite geri-los como se fossem verdadeiras operações de *buyout*, em que os investidores triplicam ou quadruplicam o seu investimento em poucos anos através da prestação de serviços a empresas altamente endividadas, independentemente de estas terem sucesso ou não.

Sendo assim, uma eventual renegociação das rendas (alternativa que os concessionários parecem aceitar[1]) não resolve o problema do custo das PPP pois os promotores podem facilmente compensá-las com uma redução na manutenção das estradas ou redução dos resultados operacionais.

Por isso, a prevenção das práticas predadoras de *buyout* só pode ser conseguida através da nacionalização das empresas concessionárias e sua transformação futura em institutos ou serviços públicos (ou na sua transformação em concessões plenas com todos os riscos assumidos pelos concessionários).

Para perceber melhor o problema consideremos o caso típico de uma concessão rodoviária. Por exemplo, a concessão das Beiras Litoral e Alta (a famigerada IP5, agora denominada A25), com uma extensão de 173 km entre Aveiro e Vilar Formoso, e atualmente consolidada na Ascendi, uma empresa do Grupo Mota-Engil (60%) e do BES (perto de 40%). A requalificação do IP5 custou perto de 1000 milhões de euros, financiados em termos concessionais pelo BEI em 470 milhões (garantidos por um sindicato bancário), 385 milhões financiados por um sindicato bancário liderado pelo BES e os restantes 8% (78 milhões de euros) financiados parcialmente por fundos próprios (51 milhões).

Note-se que os promotores usaram um grau de alavancagem superior aos dos próprios bancos (apenas 41 milhões de euros, ou seja 4,4% de capitais próprios). Como os empréstimos contratados tinham um período de carência de 6 a 7 anos que terminava

---

[1] http://www.jornaldenegocios.pt/home.php?template=SHOWNEWS_V2&id=502551

em junho de 2008 a empresa aproveitou logo os resultados do primeiro ano de exploração plena (2007) para pagar um dividendo aos acionistas de 12,5 milhões de euros (isto é, 25% do capital investido).

Dado que em 2010 o Estado já estava a pagar à empresa perto de 200 milhões de euros, basta ao BES e à Mota-Engil prestarem 20% dos serviços que a concessionária necessita para lucrarem por essa via cerca de 15 milhões de euros/ano. Ou seja, excluindo os dividendos, os promotores podem triplicar o seu investimento em apenas seis anos. As formas como os promotores podem extrair esses ganhos são diversas, incluindo os 275 mil euros pagos aos corpos sociais em 2007.

Este custo de administração pode não parecer extraordinário quando comparado com outras empresas, mas tem um valor simbólico para os contribuintes. Note-se que, em vez dos 13 administradores que a concessionária tinha em 2007 (dos quais 6 executivos), hoje, se ainda tivéssemos a Junta Autónoma de Estradas, a gestão desses 173 quilómetros de auto-estrada precisaria apenas de um Diretor de Serviços ou Subdiretor Geral que custaria ao Estado menos de 50 mil euros/ano.

Este simples exemplo mostra como aquilo a que podemos chamar «custos de *buyout*» associados à gestão das PPP podem chegar facilmente aos 30 milhões de euros/ano. Pode não parecer muito mas, multiplicado por cerca de 40 PPP, temos um custo anual de 1200 milhões de euros, que podem ser simplesmente poupados através de uma nacionalização das concessionárias (ou da transformação da PPP em concessão plena no caso das estradas com mais tráfego).

Em suma, em alternativa à renegociação das rendas, os concessionários deviam ter de escolher entre ficar com uma concessão plena ou revender a sua concessão ao Estado.

Redução de chefias ou extinção de serviços públicos

A reforma da Administração Pública em curso parece errática, confusa e irrefletida.

Começar pela extinção de chefias, lembrou-me o que seria uma desmobilização militar que fosse feita dispensando apenas os oficiais. Perguntaríamos: então e o que acontece aos soldados? Fundem-se os pelotões, esquadrões, etc., responderiam alguns. Seria uma resposta absurda, pois reduzia a eficácia dessas unidades e não resolvia o problema do excesso de militares resultante do final da guerra.

Todavia, o anunciado processo de fusões de organismos e serviços públicos parece estar a enveredar por esse caminho, isto é, ignora a inutilidade dos serviços a serem fundidos.

É por demais sabido que o excesso de pessoal (*overmanning*) é uma das principais causas da baixa produtividade nas organizações públicas e privadas.

Ora, como a experiência empresarial demonstra, a fusão de várias entidades é, geralmente, demorada e frequentemente ineficaz. Em parte, tal deve-se ao facto de que, contrariamente ao esperado, a nova entidade acumula os vícios e não as virtudes das entidades fundidas como resultado do excesso de pessoal e da inevitável luta pelo poder na nova entidade.

Ao despromover de forma cega os dirigentes públicos, antes de estarem organizados os novos serviços, o Governo comete um enorme erro de gestão e uma grande injustiça em relação a esses profissionais (independentemente de serem bons ou maus).

No entanto, a solução era simples. Primeiro decidia-se o modelo organizacional para as entidades fundidas, impondo um sistema de limites quanto ao número de cargos dirigentes. Depois abria-se um concurso interno para preencher esses cargos dirigentes. Aos que não fossem escolhidos devia ser dada a oportunidade de optar por um cargo não dirigente ou por uma rescisão amigável.

Hoje existem dois tipos diferentes de chefias na função pública — umas (poucas) com funções de direção efetiva e muitas que na prática são chefias virtuais. No entanto, as últimas constituíam a única forma de remunerar melhor os funcionários mais qualificados, mais dedicados ou mais favorecidos politicamente.

Uma alternativa às chefias virtuais seria dar-lhes um título honorífico, mas desligado da remuneração auferida. Por exemplo, alguns bancos americanos atribuem o título de vice-presidente a todos os funcionários independentemente de ganharem 10 mil ou 10 milhões de dólares.

Desde o 25 de Abril que as chefias na Função Pública têm sido progressivamente mal escolhidas, maltratadas e mal pagas. Primeiro foram desautorizadas pelas legiões de *boys* que cada novo Governo trazia. Tipicamente, cada novo Governo empregou cerca de 1500 apoiantes, muitos saídos das *jotas* ou sem formação adequada, dos quais cerca de 10% acabaram por se infiltrar no quadro de funcionários com funções de chefia em detrimento dos funcionários de carreira.

Quando chega um novo Governo o processo repete-se e, apesar de algumas rotações de cadeiras, esses dirigentes vão ficando. Por isso, ao fim de mais de dez governos não é de admirar que a qualidade média dos dirigentes seja tão baixa.

Assim, é lamentável que não se faça primeiro uma reforma administrativa para resolver este problema grave da Administração Pública em Portugal.

No entanto, como esses dirigentes são geralmente mal pagos quando comparados com o setor privado e com categorias mais baixas, não deixou de ser injusto que os mesmos fossem sujeitos a um terceiro corte nos seus salários.

Tratar as pessoas de forma injusta é o caminho mais rápido para desmotivar e para paralisar as organizações. Precisamente o oposto do que precisamos para emagrecer e modernizar a Administração Pública.

Estágios obrigatoriamente remunerados: não, obrigado!

Ao saltitar entre o falso liberalismo da terceira via e um coletivismo terceiro-mundista, o Governo Sócrates não acertava uma única medida em matéria de legislação laboral. Por exemplo, o decreto-lei que proíbe as empresas de oferecer estágios profissionais não remunerados é uma verdadeira aberração.

Mais, ao fixar a remuneração obrigatória dos estagiários a um nível próximo do salário mínimo, é pertinente perguntar a quem serve tal medida. Será para os patrões que se comportam como negreiros poderem substituir trabalhadores a salário mínimo por estagiários ainda mais baratos? Será para as empresas públicas e os monopólios privados passarem a receber cada vez menos estagiários e utilizarem práticas de nepotismo a favor dos filhos dos atuais colaboradores e outros afilhados?

Por definição, os estágios profissionais devem interessar principalmente aos estagiários, sobretudo nos dias de hoje em que são fator preferencial na seleção para os poucos postos de trabalho disponíveis. Mais, são também um complemento importante da formação escolar. Por isso, não faz sentido pagar propinas num tipo de formação e querer ser remunerado no outro. Em certas circunstâncias, faria mesmo mais sentido ser o estagiário a pagar ao empregador como acontecia no passado.

Na verdade, não é desejável recuar ao passado, mas temos de reconhecer que as condições dos estágios são muito diferenciadas.

Basta pensar nos estágios profissionais para advogado ou médico e nos estágios para caixa num supermercado ou num banco para perceber como as realidades são diferentes.

Por isso, a única solução sensata é deixar aos próprios empregadores a decisão sobre se pretendem remunerar ou não os estagiários. Uns fá-lo-ão e outros não. Os estagiários saberão ter isso em conta quando concorrem aos estágios.

Num mercado de trabalho tão dualista como o nosso, onde temos trabalhadores com vínculo vitalício, trabalhadores do quadro, contratados a prazo e a recibo verde, criar mais uma categoria de estagiário só vem tornar o mercado ainda menos transparente e diminuir as ofertas de estágios.

Não nos esqueçamos que o elevado nível de desemprego existente entre os jovens só pode ser reduzido facilitando e não complicando a vida das empresas empregadoras.

Abandono escolar: Será o mal que se apregoa?

A obsessão dos governos socialistas com a diminuição das taxas de abandono escolar levou-os a criar dois monstruosos desperdícios no sistema educativo português.

Por um lado institui-se um regime de quase «terror» para forçar os professores a passarem os alunos e por outro criaram-se as famigeradas Novas Oportunidades. Apesar de algumas honrosas exceções, estas visavam dar administrativamente graus académicos a quem não tivesse frequentado ou concluído o ensino secundário.

Naturalmente que todos concordamos que quando um aluno é obrigado a abandonar a escola por razões económicas se está perante um mal que tem de ser erradicado e remediado.

No entanto, a grande maioria do abandono escolar após o nono ano é voluntário e por duas razões fundamentalmente opostas. Uns alunos abandonam a escola para ir para rua enquanto outros abandonam a escola para ir trabalhar.

Ambos reconhecem que a escola já não lhes acrescenta valor, mas precisam de ser tratados de forma diferente. Os primeiros devem ser repreendidos, mas acompanhados no âmbito das políticas de reinserção social, enquanto os segundos devem ser aplaudidos e apoiados através dos programas de formação profissional.

Não devemos ignorar também o grupo dos que se resignam a permanecer no ensino, mas sem qualquer motivação ou empenhamento. A sua permanência prejudica os restantes estudantes por contribuir para uma diminuição do grau de exigência no ensino. Mas prejudica-os também a eles próprios ao atrasar a sua entrada no mercado de trabalho e ao criar-lhes maus hábitos que irão limitar a sua produtividade para o resto da vida.

Finalmente, em relação aos formandos das Novas Oportunidades não se pode considerar apenas o custo absurdo da sua «pretensa» formação (cerca de 6200 euros por formando). Para termos uma ideia do que este valor representa, basta pensar que com o dinheiro gasto com uma dúzia desses formandos podíamos formar um médico.

Na verdade, são eles próprios as principais vítimas da ilusão de que basta ter um «canudo» para progredirem na carreira. Ilusão que em muitos casos se transforma em frustração para o resto da vida. Pior ainda, alguns vão engrossar o número de candidatos ao ensino superior contribuindo também para a deterioração da qualidade deste nível de ensino.

Em conclusão, é preciso repensar o equilíbrio entre o número de anos necessários para a formação inicial (que ficou excessiva com a introdução do 12.º ano) e a formação ao longo da vida, bem como os objetivos de cada tipo de formação. Esta tarefa tem de ser entregue a especialistas com sabedoria e ponderação.

Mudança de regime: Reforma ou revolução?

Do que escrevi resulta claro que penso que o atual regime de capitalismo de Estado de esquerda está a aproximar-se do fim. Não só porque nos próximos dez anos o atual regime ultrapassará em longevidade o regime do Estado Novo, mas também porque dificilmente sobrevirá a uma dezena de anos sob tutela dos credores estrangeiros exercida através de sucessivos programas de ajustamento negociados com a troika.

O regime que lhe vier a suceder poderá ser um regime de capitalismo de mercado, de gestão ou, novamente, um regime de capitalismo de Estado de direita (por exemplo, corporativo ou oligárquico ao estilo Putin) ou de esquerda (no estilo terceiro-mundista de Chávez ou no estilo angolano).

O resultado será em parte determinado pela escolha de uma via reformista (democrática) ou de uma via revolucionária (golpe militar). Por isso, é importante avaliar as perspetivas de mudança que as duas vias oferecem. Não se trata de reeditar o debate do final no século XIX entre Rosa Luxemburgo e Bernstein sobre como construir o socialismo, mas simplesmente debater os prós e contras de cada uma das vias para mudar um regime político--económico.

O grande atrativo de uma revolução é que promete para amanhã a realização imediata de todas as utopias. A sua grande desvantagem é que se sabe como começa, mas nunca se sabe como acaba; e a História tem demonstrado que as revoluções, em geral, acabam mal.

Em contraste, a via reformista tem a grande desvantagem de parecer uma tarefa interminável, como a de Sísifo, mas tem a virtude de permitir uma progressão cumulativa. Também tem a vantagem de geralmente atingir o seu destino quando tem bons líderes.

Entre nós começam a ouvir-se vozes à esquerda (e.g. o apelo repetido de Otelo para um novo 25 de Abril) e à direita com apelos a um novo Sidonismo de inspiração nacionalista que conteste a tutela da troika e retome o protecionismo nacionalista. Embora o atual regime tente acomodar as reivindicações corporativas dos militares, não é impossível que alguns possam ser tentados a fazer um golpe de Estado com vista a uma suspensão da democracia (ainda que temporária) de forma a alterar a constituição e o regime político.

A meu ver a via revolucionária, para além dos riscos habituais das revoluções (incluindo a guerra civil), traria uma quase certa continuação do predomínio do capitalismo de Estado. Isto é, a mudança seria apenas ao nível do regime político. Logo não acredito que possa resolver os bloqueios existentes na sociedade portuguesa.

Defendo pois, que a mudança de regime político-económico seja feita pela via reformista. No entanto, como fazê-lo com os partidos que temos hoje em Portugal? Existem duas opções. A primeira através da eleição, com uma confortável maioria absoluta, de um líder partidário que desempenhe o papel de déspota iluminado. A segunda, através de um presidente da República eleito por larga maioria na base de um compromisso público de coagir os partidos políticos para mudarem o regime e o seu próprio estatuto.

A opção por um déspota iluminado está mais de acordo com a tradição messiânica dos portugueses. De facto, os grandes reformistas da nossa história, nomeadamente D. Afonso III, o Marquês de Pombal ou Salazar foram todos déspotas iluminados. As grandes desvantagens desta solução advém da dificuldade em eleger tais líderes num regime democrático, da sua tendência para resvalarem para regimes autoritários e da perenidade das suas reformas logo que abandonam o poder. O primeiro problema pode ser ultrapassado por líderes que escondam a sua agenda reformista até chegarem ao poder. Já o problema da perenidade das reformas não poderá ser resolvido se não houver uma conversão genuína dos portugueses aos ideais reformistas. Ora, os déspotas atraem facilmente seguidores, mas raramente deixam verdadeiros discípulos.

Por isso, a via mais segura para uma mudança de regime é infelizmente a mais difícil — através da eleição de um presidente da República com poderes limitados. No entanto, embora difícil, não é impossível; se a sua eleição resultar de um processo de mobilização dos intelectuais e da sociedade em geral para os ideais do capitalismo de mercado bem como dos restantes pilares — democracia, liberalismo constitucional, trabalho produtivo, método científico e virtudes iluministas — que asseguram a felicidade humana.

Parafraseando o ditado — *Roma e Pavia não se fizeram num dia* — creio que o processo reformista que advogo não se fará numa única eleição presidencial. No entanto, todas as grandes reformas são feitas de pequenos passos. Por isso, o meu desejo é que este pequeno livro seja um contributo para esse primeiro passo na mudança do desígnio nacional.

ÍNDICE REMISSIVO

os números das páginas que se encontram em itálico
referem-se a quadros ou a imagens

reprivatização da banca, 38
Rerum Novarum, 29
resgate financeiro, 20, 135-36, 137-
-39, 146, 151
responsabilização dos políticos, 146-50
responsabilização judicial, 150
Revolução dos Cravos, 30
Rick Perry, 171
Riqueza, 26-27, 50-51, 66-67, 86,
100-1, 169, 177
Roaring nineties, 43
Rosa Luxemburgo, 196
RTP, 19, 32, 40-41

Salamanca, 116, 117
salário mínimo, 152, 193
salário real, 135
Salazarismo, 16-17, 24, 179
Segunda Guerra Mundial, 42, 55
segurança social, 100-3, 104, 115,
131, 154, 162, 167
Servette Football Club, 178
serviço militar, 26
serviços secretos, 52
setor financeiro, 66-67, 129, 143, 144,
172-73
setores regulados, 19, 28, 32
SIC, 40-41
Sidonismo, 197
Silva Lopes, 42, 71
sindicalismo, 16, 17, 20, 29
sindicatos, 16, 17, 37, 152, 169, 170
Sines, 116, 117
Sísifo, 196
sistemas económicos, 26
Soaristas, 64
soberania do consumidor, 41
social-democracia, 24, 30, 49
socialismo, 17, 24, 29, 30-31, 49-51,
60, 62, 103, 179-80, 196
sociedade, 20, 46, 48, 52, 80, 148,
153, 169-82, 197, 198

sociedades secretas, 85-86
Sócrates, 46, 57, 62-63, 64, 66, 68,
103, 114, 125, 132, 135, 149,
150-51, 185, 193
Sonae, 19, 32, 38
Soreliano, 29
STCP, 186
subsídios comunitários, 118
Suécia, 29, 81-82, 99
Suíça, 54, 178
super-ricos, 171-73

tarifa *feed-in*, 123
taxa máxima do imposto, 159
Taxa Social Única, 138
taxas moderadoras, 36-37
tecnocratas, 65
Teerão, 178
Teixeira dos Santos, 149
telecomunicações, 19, 32, 39, 134
telespetadores, 118-19
teoria do voto, 90
teoria económica, 28, 65
Terceira via, 193
terceiro setor, 26
terceiro-mundista, 62, 193, 196
TGV, 111, 116-20, 121-22, 132
Thatcher, 50
TIR, 117
Transparência Internacional, 125
Tribunal Constitucional, 165
Tribunal de Justiça Europeu, 184-85
tributação do rendimento, 171
troika, 21, 38, 95, 105, 106, 112-13,
115, 128, 135, 142, 184, 196,
197
turnaround, 67
TVI, 40, 41

União Europeia, 21, 30, 43, 89, 119,
123, 125-26, 131, 144, 167, 184
uniões monetárias, 134

www.ingramcontent.com/pod-product-compliance
Lightning Source LLC
Chambersburg PA
CBHW051212200326
41519CB00025B/7089